Liane Paradies | Wencke Sorrentino | Johannes Greving | Franz Wester

99 Tipps

Schüler gerecht bewerten

Liane Paradies ist Gymnasiallehrerin für Mathematik und Geschichte. Sie arbeitet als freie Trainerin und Moderatorin in der Lehreraus- und -fortbildung, ist an der Universität Oldenburg tätig und Autorin zahlreicher Veröffentlichungen zum Thema Unterrichtsentwicklung und -methoden.

Wencke Sorrentino ist Lehrerin an einer Integrierten Gesamtschule und unterrichtet die Fächer Englisch, Musik und Mathematik.

Johannes Greving ist Gymnasiallehrer für Deutsch, Politik und Wirtschaft, an der Universität Oldenburg tätig und Autor zahlreicher Fachbücher.

Franz Wester leitet den Bereich „Unterrichtsentwicklung" am Landesinstitut für Schule in Bremen. Seine Erfahrungen im Bereich der Schul- und Unterrichtsentwicklung sind in verschiedenen Veröffentlichungen dokumentiert.

Liane Paradies | Wencke Sorrentino | Johannes Greving | Franz Wester

99 Tipps

Schüler gerecht bewerten

Cornelsen
SCRIPTOR

www.cornelsen.de

Bibliografische Information: Die Deutsche Bibliothek verzeichnet diese Publikation in der Deutschen Nationalbibliografie; detaillierte bibliografische Daten sind im Internet über http://dnb.ddb.de abrufbar.

Dieses Werk berücksichtigt die Regeln der deutschen Rechtschreibung, die seit August 2006 gelten.

5. 4. 3. 2. 1. Die letzten Ziffern bezeichnen
13 12 11 10 09 Zahl und Jahr der Auflage.

Konzeption: Dorothee Weylandt, Berlin
Redaktion: Birte Meyer, Berlin
Herstellung: Brigitte Bredow, Berlin
Die Reihenkonzeption wurde von Cornelia Colditz und Claudia Kahlenberg im Rahmen eines studentischen Wettbewerbs im Studiengang Verlagsherstellung an der HTWK Leipzig (www.verlagsherstellung.de) unter Leitung von Julia Walch, Bad Soden, entwickelt.
Satz/Layout: Julia Walch, Bad Soden
Illustrationen: Mone Schliephack, Niedernhausen-Oberjosbach
Umschlaggestaltung: Magdalene Krumbeck, Wuppertal
Druck und Bindearbeiten: CPI – Clausen & Bosse, Leck
Printed in Germany
ISBN 978-3-589-22820-1

Gedruckt auf säurefreiem Papier,
umweltschonend hergestellt aus chlorfrei gebleichten Faserstoffen.

Inhaltsverzeichnis

Leistung definieren und bewerten

Ansprüche und Normen der Leistungsbewertung

Fehlerquellen bei der Leistungsbewertung beachten

Gerechtigkeit und Chancengleichheit sicherstellen

Schriftliche Leistungen bewerten

Mündliche Leistungen beurteilen

„Sonstige“ Leistungen bewerten

Prüfungssituationen gerecht arrangieren

Arbeits- und Sozialverhalten bewerten

Feedback geben und Selbstbeurteilung üben

Beispiele für Bewertungsbögen

Vorwort

Wenn Schülern häufig schon das Lernen als großes Übel erscheint, als was für eine Last, Mühsal oder gar Plage müssen sie dann erst den Überprüfungsprozess dieses Lernens – die Leistungsmessung – empfinden?

Auch wenn dieses Buch sich ausschließlich mit Tipps zur Leistungsmessung und -überprüfung befasst, gilt es immer zu bedenken, dass der Lehr-/Lernprozess und die Leistungsbewertung und -messung nur zwei Seiten ein und derselben Medaille sind – zu einer schülerorientierten Unterrichtskultur gehört eben auch ein transparenter, nachvollziehbarer und fairer Leistungsbewertungsprozess.
Mit anderen Worten: Die hier vorgestellten Tipps zur Leistungsmessung wirken sich auf die Unterrichtsgestaltung ebenso aus, wie Unterrichtsplanung und -durchführung die Leistungsmessung beeinflussen.
Eine transparente, realistische und nachvollziehbare Leistungsüberprüfung berührt nicht nur den engen Bereich der Bewertung von Leistung, sondern beeinflusst das gesamte Schulklima.
In diesem Zusammenhang kommt einem Thema, das die pädagogische Diskussion gegenwärtig dominiert, besondere Bedeutung zu: dem kompetenzorientierten Unterrichten.
Laut Definition geben Kompetenzen Auskunft über Kenntnisse, Fähigkeiten und Fertigkeiten sowie über die innere Einstellung zu den Lerngegenständen, die jeder Schüler mitbringt bzw. im Unterricht erwirbt. Demgemäß muss sich kompetenzorientierter Unterricht die Ausstattung der Schüler mit Kenntnissen und Sachverstand zum Ziel setzen sowie für die Entwicklung von Fertigkeiten und die Fähigkeit zum Reflektieren der eigenen Einstellung sorgen. Gelingen kann dies aber nur, wenn das Erzielte auch überprüft, gemessen und bewertet wird!
Dabei gilt es zu beachten, dass Leistungsbewertung und -messung nicht nur der bloßen Selektion dienen, wenn auch die Platzierung des einzelnen Schülers in einem sachlichen

Leistungsspektrum wichtig ist und nach wie vor die hauptsächliche Grundlage von Schullaufbahnempfehlungen bildet. Darüber hinaus erstrecken sich Leistungsmessung und -bewertung jedoch über weitere wichtige Dimensionen:

- Förderfunktion: Sie kann Anreize geben, zur Persönlichkeitsstärkung beitragen sowie zur Selbstdisziplin befähigen.
- Kontrollfunktion: Arbeitsverhalten und Arbeitsergebnisse werden durch die Leistungsüberprüfung kontrolliert.
- Informationsfunktion: Leistungsmessung ermöglicht regelmäßige und aussagekräftige Rückmeldungen an Eltern und Schüler.
- Prognosefunktion: Die Einschätzung des künftigen inner- und außerschulischen Verhaltens wird durch die Leistungsmessung erst möglich.

Einige erläuternde Worte zur Gliederung:
Im ersten Teil „10 Top-Tipps" finden Sie diejenigen Ratschläge, die wir für unbedingt wichtig halten. Das heißt nicht, dass die anderen 89 Tipps unwichtig wären – im Gegenteil, jeder für sich ist natürlich von gleich großer Bedeutung. Allerdings können Sie durch die Umsetzung der Top-Tipps am schnellsten und effektivsten die eigene Praxis der Leistungsbewertung optimieren.
Im Abschnitt „Definitionen und Umfeld" wird zunächst der Begriff „schulische Leistung" definiert und im Weiteren auf seine unterschiedlichen Facetten und Funktionen hin bestimmt.
Der Abschnitt zu den „Normen der Leistungsbewertung" befasst sich mit den Bezugsgrößen, ohne die keine Leistung festgestellt und bewertet werden kann.
„Fehlerquellen bei der Leistungsbewertung" werden im nächsten Kapitel genannt und erläutert, um ihre Wirkung auszuschalten oder zumindest zu minimieren.
„Gerechtigkeit und Chancengleichheit" bilden in gewisser Weise Gegenpole. In diesem Abschnitt wird versucht, ihre Gegensätzlichkeit auszuloten und zu harmonisieren.
Die drei folgenden Kapitel systematisieren das komplette

Spektrum schulischer Leistungen nach „schriftlichen“, „mündlichen“ und „sonstigen Leistungen“ und geben Tipps für die differenzierte Erfassung und Bewertung dieser unterschiedlichen Leistungsbereiche.
Im Teil „Prüfungssituationen fair und gerecht arrangieren“ wird das gesamte Umfeld schriftlicher wie mündlicher Prüfungen thematisiert. Hier finden Sie Tipps zur schülergerechten, aber auch effizienten Gestaltung von Prüfungen.
Die Bereiche „Arbeits- und Sozialverhalten, Team- und Gruppenarbeit“ werden in der reinen Fachbeurteilung oft vernachlässigt (tauchen in einigen Bundesländern allerdings als „Kopfnoten“ auf). In diesem Abschnitt geben wir Tipps zur gezielten Bewertung dieser Leistungsbereiche.
Institutionalisiertes und regelmäßiges „Feedback und Selbstbeurteilung“ bilden ausgesprochen wichtige Bereiche, um die Akzeptanz der Leistungsbeurteilung zu erhöhen, sie sollten in einem transparenten Beurteilungsprozess auf keinen Fall zu kurz kommen.
Im letzten Abschnitt „Beispiele für Bewertungs- und Beurteilungsbögen“ finden sich ganz konkrete Tipps und Vorlagen aus unserer eigenen Unterrichtspraxis, die unmittelbar eingesetzt werden können.

Wir wünschen Ihnen viel Erfolg!

Liane Paradies
Wencke Sorrentino
Johannes Greving
Franz Wester

PS:
Aus Gründen der besseren Lesbarkeit wird in diesem Buch durchgehend die männliche grammatische Form verwendet. Natürlich sind damit auch immer Frauen und Mädchen gemeint, also Lehrerinnen, Schülerinnen usw.

10 Top-Tipps ... Die Lieblingstipps der Autoren!

1 Leistungsbegriff definieren

13 Unkontrollierte Subjektivität zurückdrängen

23 Sich nicht durch Haloeffekte täuschen lassen

27 Lern- und Leistungsbegriff weiter fassen

32 Mit Korrekturbögen arbeiten

41 Mündliche Mitarbeit qualitativ werten

51 Portfolios benoten

62 Monitoring-Phasen einplanen

70 Gezieltes Beobachten trainieren

81 Feedbackregeln aufstellen und einhalten

1 Leistungsbegriff definieren

Wie kann Leistung überhaupt begrifflich gefasst werden? Sollte man sich unter pädagogischen Gesichtspunkten z. B. mit der juristischen Definition von Leistung als „Gegenstand einer Schuldverpflichtung" beschäftigen?

Die einfachste Antwort auf das Problem der Leistungsdefinition liefern die Naturwissenschaftler, speziell die Physiker: Leistung ist Kraft mal Weg durch Zeit. Wer bei normaler Erdanziehungskraft ein Gewicht von 100 Kilo in einer Sekunde einen Meter hoch hebt, leistet etwa ein Kilowatt.

Aus pädagogischer Sicht kann diese Definition sehr wohl nützlich sein. Leistung setzt sich demgemäß wie folgt zusammen:

- Aus einer genau definierten Arbeit, also geistiger oder körperlicher Anstrengung; Leistung ist normorientiert und lässt sich messen. *Normorientiert*
- Aus einem zurückzulegenden Weg, d. h., das Gewicht befindet sich nach Erbringen der Leistung an einem anderen „Ort" (geografisch, kognitiv, methodisch, affektiv …) als vorher; Leistung ist prozess- und ergebnisorientiert. *Ergebnisorientiert*
- Aus einer Zeitvorgabe, d. h., Leistung ist etwas, das nicht beliebig lange dauern kann, sondern in einem gewissen Zeitrahmen zu erledigen ist; Leistung ist selektionsorientiert. Die Begrenzung der Zeit führt zur Selektion bzw. verstärkt diese. *Selektionsorientiert*

2 Leistungsbewertung als Chance begreifen

Die Leistungsüberprüfung darf sich nicht ausschließlich auf den kognitiven Bereich, genauer gesagt auf die Wiedergabe von Sachverhalten aus einem abgegrenzten Gebiet im gelernten Zusammenhang und die Verfügbarkeit der notwendigen inhaltlichen und methodischen Kenntnisse beziehen (Anforderungsbereich I) (Tipp 31), sondern muss problem-

› Tipp 31

lösendes Denken durch den Aufbau von Kompetenzen ermöglichen und alltagstauglich sein.

Sinnhaftigkeit der Prüfung offenlegen

Die Sinnhaftigkeit der Prüfung darf den Schülern nicht verborgen bleiben, damit sie die Prüfung nicht einzig und allein als gemeines Ritual erleben.
Die affektive Lernzielebene sollte ebenso wie die Möglichkeit des handelnden Umgangs mit der Thematik, sich den Stoff im Sinne Pestalozzis „zu eigen zu machen", in der Prüfungssituation realisierbar sein.

Gleich mal ausprobieren

„Schatzsuche statt Fehlerfahndung" – begreifen Sie die Prüfungssituation zunächst einmal als Chance für den Schüler, seine Lernerfolge darzustellen. Achten Sie nicht primär darauf, welche Fehler er macht, sondern versuchen Sie, den „Schatz" des vorhandenen Wissens gemeinsam mit ihm zu heben.

3 Inhaltlich-fachlichen Lernbereich beachten

› Tipp 4–6, 28

Der inhaltlich-fachliche Lernbereich ist einer von vier Leistungsdimensionen (Tipp 4–6, 28), die in der Praxis stets zusammen auftreten. Diese lassen sich allerdings während des Unterrichts nicht einfach beobachten und zu einem Gesamtbild addieren, sondern verstehen sich in der Praxis als organische Einheit, die sinnvoll nur an den Kompetenzbegriff zu binden ist.

4 Leistungsdimensionen

Leistungen lassen sich am ehesten durch die Aufgaben voneinander unterscheiden, die ein Schüler zu lösen versteht.

› Tipp 31

Auf der Ebene der drei Anforderungsbereiche (AfB) (Tipp 31), in die schriftlich zu erbringende Leistungen in der Regel aufgeteilt werden und die grob betrachtet durch die Begriffe „Kennen", „Verwenden", „Beurteilen" gekennzeichnet sind, lassen sich dennoch deutlich Leistungen im inhaltlich-fachlichen Lernbereich identifizieren:

AfB I: Wissen, kennen, beherrschen, anwenden können.
AfB II: Verstehen, übertragen, erschließen, sich selbstständig auseinandersetzen, ordnen, übertragen, transferieren.
AfB III: Urteilen, begründen, reflektieren, problematisieren, erörtern.

Anforderungsbereiche

Gleich mal ausprobieren

Notieren Sie sich auf der Ebene der drei Anforderungsbereiche weitere Leistungsbeschreibungen für den inhaltlich-fachlichen Lernbereich.

4 Methodisch-strategischen Lernbereich einbeziehen

Wenn Leistungsbewertung sich an einem erweiterten Leistungsbegriff orientieren will, müssen methodisch-strategische Kompetenzen in den Aufgaben gefordert werden und in der Beschreibung der Bewertungskategorien enthalten sein. D. h., dass das Vorgehen des Schülers in der Bearbeitung einer Aufgabe als Ergebnis einer Entscheidung erkennbar gemacht und mit Blick auf die Effektivität bewertet wird.

Erweiterter Leistungsbegriff

Leistungen im methodisch-strategischen Lernbereich lassen sich analog zu den Anforderungsbereichen (AfB) (Tipp 31), in die schriftlich zu erbringende Leistungen in der Regel aufgeteilt werden, wie folgt strukturieren:
AfB I: Aus Materialien Informationen entnehmen, exzerpieren, strukturieren, ordnen.
AfB II: Lern- und Arbeitsprozesse planen, organisieren, gestalten, Arbeitsdisziplin wahren, Ordnung halten.
AfB III: Entscheidungen treffen.

› Tipp 31

Gleich mal ausprobieren

Durch das Abwägen von Alternativen in der Planung oder Reflexion beweist ein Schüler ein hohes methodisches Kompetenzniveau.

Versuchen Sie, ein gestuftes Kompetenzmodell zum methodisch-strategischen Bereich zu entwickeln – z. B. auf folgenden Stufen:
1. Stufe: kennen / wissen
2. Stufe: nachvollziehen / verstehen
3. Stufe: übertragen / anwenden

5 Sozial-kommunikativen Lernbereich berücksichtigen

Teamfähigkeit gilt heute unangefochten als wichtige Schlüsselqualifikation in der Arbeitswelt. Aber auch das schulische Lernen findet zu einem nicht unerheblichen Teil als sozialer Prozess in der Gruppe statt. Fragen danach, wie teamfähig ein Schüler ist, wie verlässlich und belastbar, wie kritikfähig oder wie verantwortungsbewusst, sind Teil der persönlichen Lernbiografie.

Persönliche Lernbiografie

› Tipp 31

Im sozial-kommunikativen Lernbereich lassen sich entsprechend der drei Anforderungsbereiche (AfB) (Tipp 31), in die schriftlich zu erbringende Leistungen in der Regel aufgeteilt werden, z. B. folgende Fähigkeiten zuordnen:
AfB I: Zuhören, argumentieren, fragen, kooperieren.
AfB II: Sich in andere einfühlen, Signale wahrnehmen, integrieren, Konflikte lösen.
AfB III: Ergebnisse oder Prozesse präsentieren, Diskussionen und Gespräche leiten.

Gleich mal ausprobieren

› Tipp 95, 96

Entwickeln Sie mit Ihren Schülern in Anlehnung an die Anforderungsbereiche ein Bewertungsraster zur Teamarbeit. Erfahrungsgemäß sind Schüler sehr gut in der Lage, Kriterien zu benennen und sich selbst kritisch einzuschätzen (Tipp 95, 96).

Individualverhalten in Lernsituationen

Individualverhalten in Lernsituationen äußert sich

- in persönlicher Sicherheit, d. h., der Schüler wirkt in „Stress-Situationen“ ruhig und gelöst, ist bereit, Leistung zu erbringen;
- in angemessenem Ausdrucksvermögen, d. h., der Schüler verfügt über einen großen Wortschatz und körperliches Ausdrucksvermögen, kann erklären, kann seine Aussagen anderen verständlich machen;
- in entsprechender körperlicher Entwicklung und praktischem (psychomotorischem) Geschick, d. h., der Schüler kann die eigenen Bewegungen gut koordinieren und zeigt z. B. manuelle Geschicklichkeit oder auch Rhythmusgefühl.

Nach den Anforderungsbereichen (AfB) schriftlich zu erbringender Leistungen (Tipp 31) gestufte Ziele im persönlichen Lernbereich sind:

› Tipp 31

AfB I: Ein realistisches Eigenbild entwickeln und Selbstvertrauen gewinnen.
AfB II: Die Fähigkeit zum Engagement entwickeln, (Selbst-) Kritikfähigkeit aufbauen.
AfB III: Werthaltungen entwickeln.

Gleich mal ausprobieren

Entwerfen Sie (gemeinsam mit Ihren Schülern) einen Selbstbeurteilungsbogen zu folgenden Aspekten:

1. Meine Vorlieben und Stärken in der Schule
2. Meine Einstellung zur Arbeit in der Schule (zu Hause)
3. Meine Lerngewohnheiten
4. Das ist mir wichtig (unwichtig)

7 Funktion der Leistungsbewertung: Förderung

Mithilfe der Leistungsbeurteilung sollen Schüler auch individuell gefördert werden. Sie dient als Instrument, um

- Anreize zu geben,
- zur Persönlichkeitsstärkung beizutragen,
- zur Selbstdisziplin zu befähigen.

› Tipp 2, 7

Um die Leistungen der Schüler gerecht zu bewerten und die Förderfunktion der Leistungsbeurteilung zu nutzen (Tipp 2, 7), kann man sich an folgenden Fragen orientieren:

Rückmeldung geben

- Welche Forschritte gibt es? Welche Kenntnisse, Fertigkeiten und Fähigkeiten werden sicher beherrscht?
- In welchen Punkten wurde die erwartete Leistung übertroffen?
- Wie und wodurch kann dem Schüler Anerkennung vermittelt bzw. ein Ansporn gegeben werden?

Gleich mal ausprobieren

› Tipp 80–82

Geben Sie Ihren Schülern bei der Rückgabe der nächsten Lernkontrolle mündlich oder noch besser schriftlich eine Rückmeldung (Tipp 80–82) zu den genannten Aspekten.

8 Funktion der Leistungsbewertung: Selektion

Die Schule ist in der heutigen Leistungsgesellschaft für junge Menschen der Ort, an dem die Sozialchancen für das weitere Leben primär vergeben werden – diese Bestimmung von Schule darf und kann nicht ignoriert werden. Ohne ein komplexes System von Leistungsmessungen und -bewertungen könnte Schule diesem gesellschaftlichen Auftrag nicht nachkommen.

Entscheidung über Sozialchancen

Neben der Fremdbeurteilung bedarf es dabei auch der Selbstbeurteilung von Leistung, um die eigene Leistungsfähigkeit realistisch einzuschätzen und neue Lernsituationen selbstständig zu bewältigen.

Achtung!

Aufgrund der Selektionsfunktion stellt sich für den Schüler in der Praxis häufig in erster Linie die Frage: Wie komme ich zu guten Noten? Wenn dieses die einzige Dimension ist, aus der der Schüler die Selektionsfunktion der Leistungsbewertung wahrnimmt, kann die Qualität der Selbsteinschätzung leiden (Tipp 62).

› Tipp 62

Gleich mal ausprobieren

Aus der Sicht des Pädagogen muss die Selektionsfunktion der Leistungsbewertung weitere Dimensionen beinhalten, die jedem Schüler ganz konkret bewusst gemacht werden sollten:

- Über welche für die Schulform besonders wichtigen Fähigkeiten verfügt der Schüler?
- Worauf gründet sich die Erwartung einer erfolgreichen Mitarbeit in der nächsten Klasse, Stufe oder Schulform?
- Ist das Klassenziel in allen Fällen erreicht oder müssen Ausgleichsleistungen herangezogen werden?
- Welche Wahlangebote sollte der Schüler wahrnehmen, zu welcher Wahl ist zu raten?

9 Funktion der Leistungsbewertung: Kontrolle

Leistungsbeurteilung ohne Kontrolle funktioniert nicht. Daher ist die Kontrollfunktion ein wichtiger Bestandteil dieser Tätigkeit und umfasst eine regelmäßige Überprüfung des Arbeitsverhaltens und der Arbeitsergebnisse der Schüler (Tipp 62).

› Tipp 62

Um die Kontrollfunktion der Leistungsbewertung wahrzunehmen, ist die Beantwortung folgender Fragen vonnöten:

Arbeitsverhalten und Arbeitsergebnisse kontrollieren

- Welche Unterrichtsziele sind in welchem Maß erreicht?
- Sind unbefriedigende Lernergebnisse auf Fehler des Lehrers, unzureichende Arbeitsleistung oder ungenügende Lernvoraussetzungen zurückzuführen?

- Wie können die Kenntnisse, Fähigkeiten und Fertigkeiten im Hinblick auf die Lerngruppe eingestuft werden?
- Wo können oder müssen spezielle Fördermaßnahmen ergriffen werden (Tipp 7)?

› Tipp 7

Gleich mal ausprobieren

Machen Sie Ihren Schülern mündlich oder noch besser schriftlich deutlich, dass die Kontrolle dem Ergebnis ihrer Lernleistungen dienlich ist (Tipp 2, 81).

› Tipp 2, 81

Funktion der Leistungsbewertung: Information

10

Information über Ausbildungs- und Leistungsstände

Zwar geben Leistungsbeurteilungen den auszubildenden Betrieben, weiterführenden Schulen und Hochschulen Informationen über Ausbildungs- und Leistungsstände der Bewerber, in Bezug auf vorhandene Kompetenzen verfügen Noten allerdings über einen geringen Informationswert. Allenfalls bestimmen sie den Platz in einer Rangfolge.
Das stellt ein Problem für die genannten Institutionen dar, besonders dann, wenn sie lern- oder leistungsschwache Schüler aufnehmen müssen. Diese haben in der Regel Probleme, ihre Kompetenzen zu präsentieren, nicht zuletzt deshalb, weil sie ein diffuses Selbstbild mitbringen.

SOS-Tipp

Um sich Klärung hinsichtlich des eigenen Selbstbildes zu verschaffen (Tipp 96), sollten sich Schüler den folgenden Fragen stellen:

- Welche Lernentwicklung ist zu beobachten, woran muss verstärkt gearbeitet werden?
- Inwieweit sind die verlangten Wissens- und Könnenselemente fest verankert und jederzeit verfügbar?
- Welches (Zwischen-) Zeugnis kann ausgestellt werden? Ist der Eintritt in die nächste Klasse zu empfehlen?
- Wo besteht die Gefahr, den Anschluss zu verlieren?

› Tipp 96

Funktion der Leistungsbewertung: Sozialisation

11

Anforderungen im Berufsleben

Schule vermittelt die Existenz und Gültigkeit von Leistungsnormen, die sich am ehesten mit denen der Arbeitswelt vereinbaren lassen. Insofern sozialisiert die Schule nicht nur mit Blick auf die Leistungen allgemein, sondern auch hinsichtlich der Anforderungen im Berufsleben.
Dieser Prozess ist umso erfolgreicher, je mehr auch die Sekundärtugenden, wie z. B. Pünktlichkeit, Zuverlässigkeit, Ordnungsliebe oder Fleiß, in unterschiedlichen Formen zum Tragen kommen. In Projekten und anderen kooperativen Arrangements lassen sich deren Sinn und Wirksamkeit erfahren. Deshalb ist es so wichtig, dass Projekte nicht frei von jeglicher Leistungsorientierung durchgeführt bzw. von der Leistungsidee abgekoppelt werden (Tipp 77, 94).

› Tipp 77, 94

Um die Ecke gedacht

Schulische Leistungsnormen können sich von den gültigen Normen in der Familie, im Freundeskreis usw. erheblich unterscheiden. Ebenso können gleiche Leistungen in unterschiedlichen Bereichen unterschiedlich bewertet werden: Hilfsbereitschaft zählt im Freundeskreis viel, in der Schule geht es eher um den Nachweis individueller Leistungsfähigkeit (Tipp 17). Leistungsbereitschaft zählt in der Schule mehr als emotionale Zuwendung; gute Noten in Mathematik sagen nichts über den Status in der Freundesgruppe aus. Diese unterschiedlichen Bezugssysteme müssen den Schülern bewusst gemacht werden.

› Tipp 17

Aspekte erfolgreicher Sozialisation

Eine gemäß den gesellschaftlichen Normen erfolgreiche Sozialisation wird durch folgende Aspekte unterstützt:

- Welche Einstellungen zur Gemeinschaft sind feststellbar, welche Aktivitäten seitens des Schülers gibt es?
- Welcher Grad an Selbstständigkeit, welches Maß an Interesse und Lernenergie ist zu beobachten?
- Wo sind besonders aussichtsreiche Merkmale der Persönlichkeitsbildung zu berücksichtigen (Tipp 6)?
- Welches Begabungs- und Fähigkeitsprofil zeigt sich?

› Tipp 6

12 Leistungspuzzle erstellen

Die Einzelleistungen, aus denen sich die Gesamtleistung eines Schülers zusammensetzt, lassen sich wie in dem folgenden Puzzle aufschlüsseln:

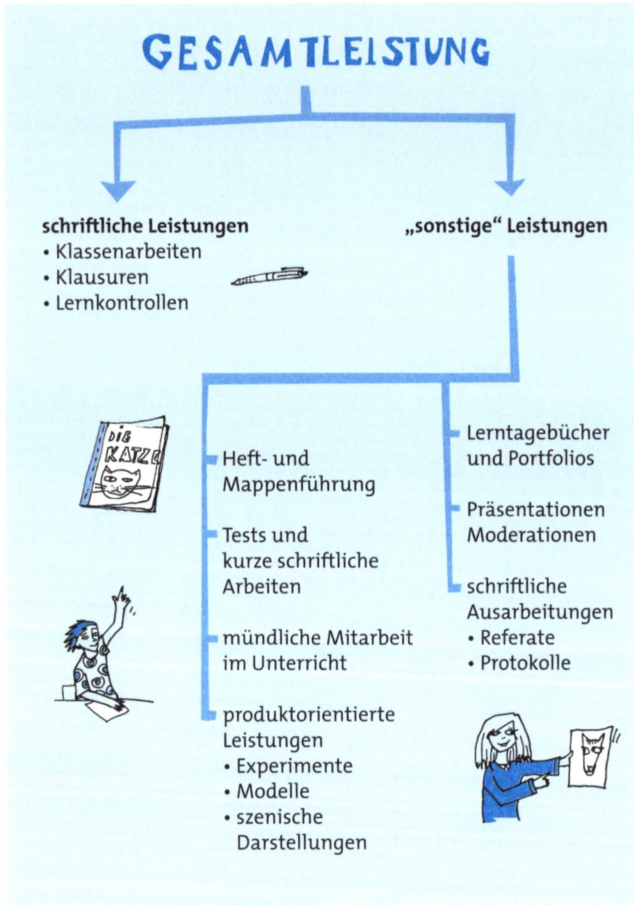

Gleich mal ausprobieren

› Tipp 33

Versuchen Sie – eventuell zusammen mit Ihren Schülern –, die Einzelleistungen des Leistungspuzzles mit Teilgewichtungen zu präzisieren (Tipp 33).

UNKONTROLLIERTE SUBJEKTIVITÄT ZURÜCKDRÄNGEN

13

Objektivität bedeutet, dass verschiedene „Bewerter" unabhängig voneinander zum exakt gleichen Ergebnis kommen. Was allerdings im Hinblick auf wissenschaftliche Experimente wünschenswert und notwendig sein mag, ist für schulische Bewertungsprozesse nicht zu realisieren: Ein und dieselbe Arbeit müsste von mehreren Lehrkräften unabhängig voneinander korrigiert werden, und die Ergebnisse der Beurteilung einer Arbeit oder eines Schülermerkmals müssten perfekt übereinstimmen.

Achtung!

Selbst wenn Bewertungsprozesse wie beschrieben im schulischen Bereich durchgeführt werden könnten, würden sie nicht automatisch Korrektheit und sachliche Richtigkeit garantieren, denn die Möglichkeit eines kollektiven Irrtums kann auch mit diesem Verfahren nicht ausgeschlossen werden.

Kontrollierte und transparente Leistungskontrolle

Das Ziel schulischer Leistungsbewertung kann nur darin bestehen, unkontrollierte Subjektivität zugunsten einer kontrollierten und transparenten Leistungsbewertung möglichst weit zurückzudrängen. Dies kann z. B. durch möglichst präzise Formulierung von Leistungskriterien, eindeutigen Binnengewichtungen (Tipp 33, 61), rechtzeitig vor der zu erbringenden Leistung im Unterricht diskutierten Musterlösungen oder Erwartungshorizonten (Tipp 58, 66) erreicht werden – auch und gerade bei offenen Aufgabenstellungen, wie z. B. bei Deutschaufsätzen.

› Tipp 33, 61

› Tipp 58, 66

Gleich mal ausprobieren

Entwickeln Sie für die nächste Klassenarbeit gemeinsam mit Ihren Schülern einen Kriterienkatalog als Grundlage der fachlichen Bewertung (Tipp 90, 91).

› Tipp 90, 91

14 Reliabilität ermöglichen

Korrekte Messung

Reliabilität bedeutet Zuverlässigkeit. Diese ist unerlässlich, wenn es um Beurteilungskriterien und -verfahren geht. Voraussetzung dafür ist, dass die angewendeten Kriterien und Verfahren die zu beurteilenden Merkmale wirklich korrekt messen – und nicht etwas ganz anderes.

Um die Ecke gedacht

› Tipp 13

Etwas ist dann reliabel, wenn es sich bei wiederholten Beurteilungen nicht ändert. In der Theorie hieße das: Es müsste eine Wiederholung der Korrektur und Bewertung eines Satzes von Klassenarbeiten zu einem späteren Zeitpunkt stattfinden – dies ist in der Praxis in der Schule aus Zeitgründen nicht zu realisieren (Tipp 13).

Mehr Einzelaufgaben, mehr Zuverlässigkeit

Immer wieder muss die Frage gestellt werden, ob die gewählten Bewertungsverfahren sachangemessen sind und wirklich das messen, was gemessen werden soll. Dabei gilt der Grundsatz: Je größer die Anzahl der unabhängig voneinander gestellten Einzelaufgaben zu einem bestimmten Lernziel oder -bereich, desto höher die Reliabilität.

Gleich mal ausprobieren

Entwerfen Sie eine schriftliche Lernkontrolle, in der die Schüler die Entscheidung über das, was gelernt worden ist oder werden sollte, möglichst oft treffen müssen.

15 Validität herstellen

› Tipp 14

Validität bedeutet Gültigkeit: Ein Untersuchungsverfahren ist dann gültig, wenn es ausschließlich den zu messenden Gegenstand exakt misst und sich das Urteil darüber hinaus auch tatsächlich auf die Leistung bezieht, die gemessen werden sollte (Tipp 14).

Um die Ecke gedacht

Wenn ein Großteil der Lerngruppe es nicht schafft, alle Aufgaben einer Klassenarbeit in der vorgegebenen Zeit zu bearbeiten (Tipp 60), wird ein wesentlicher Bestandteil der zu erbringenden Leistung völlig fachfremd sein – dann geht es nicht mehr nur um z.B. das Lösen von quadratischen Gleichungen, sondern genauso um Schnelligkeit! Das eigentlich beabsichtigte Testziel – die Überprüfung des Lernstandes der Schüler – wird so verfälscht.

› Tipp 60

Unterrichtsverfahren, die (ergebnis-) offener und flexibler als traditionelle Lehr-/Lern-Arrangements sein wollen, müssen in Bezug auf die Validität ihrer Untersuchungsverfahren folgende Grundsätze beachten:

Flexible Leistungsbewertung

Die Normen und Standards der Leistungsbewertung dürfen nicht a priori festgesetzt werden, sondern können (bzw. müssen) sich mit dem Lern- und Arbeitsprozess ändern, sollten sie sich im Lauf des Beurteilungsverfahrens als nicht brauchbar erweisen. Je offener die gewählte Unterrichtsform, desto wichtiger diese Flexibilität. Die Normen und Standards der Bewertung müssen stets kritisch hinterfragt werden, also Gegenstand des Unterrichts und schulischer Absprachen, Konferenzbeschlüsse usw. sein (Tipp 16).

Kritische Reflexion

› Tipp 16

16 Vereinbarungen über Leistungsbewertung treffen

Kriterien im Dialog entwickeln

Nicht nur der Lehrer bzw. die Schule gibt die Maßstäbe des Beurteilungsverfahrens vor – diese werden in einem gemeinsamen, dialogischen Prozess immer wieder überarbeitet. Widerspruch und Kritik der Schüler sind also nicht als Störquelle, sondern als Möglichkeit und Chance zu verstehen, zu gemeinsamen Kriterien zu gelangen.

Mithilfe der „kommunikativen Validierung“ kann somit auch ein höheres Maß an Transparenz erzielt werden: Für die Schüler gegenüber ihren eigenen Leistungen, für die Lehrer z. B. im Kontakt zu Eltern oder Kollegen.

Achtung!

Vereinbarungen über Leistungsbeurteilung sind nicht das Produkt von völlig gleichberechtigten Partnern und symmetrischer Kommunikation. Den letztendlichen Zwang zur Notengebung und damit auch zur Zuweisung von Sozialchancen (Tipp 8) kann auch die kommunikative Validierung von Leistungsnormen nicht abschaffen.

› Tipp 8

Gleich mal ausprobieren

Entwickeln Sie gemeinsam mit Ihren Schülern Gütekriterien für die kommunikative Validierung. Orientieren Sie sich an folgenden Grundsätzen:

- Offenlegung der Verfahren und Kriterien der Beurteilung.
- Offenheit für Änderungsvorschläge und Verbesserungen.
- Beteiligung der Schüler entsprechend Erfahrungsstand und Alter.
- Schüler sollten im Detail verstehen, welche Leistung sie erbringen müssen, um die einzelnen Kriterien zu erfüllen (Tipp 61).
- Regelmäßige Reflexionsphasen während des Unterrichts.

› Tipp 61

17 Individualnorm: Individuell bewerten

Der individuelle Lernzuwachs eines Schülers wird für und über einen bestimmten Zeitraum erfasst. Individuelle Leistungen werden bewertet und geben dem Schüler Rückmeldung über seinen persönlichen Lernstand. So kann der Schüler die Entwicklung seines eigenen Lernfortschritts erfassen (Tipp 88).

› Tipp 88

In der Regel erfolgen diese individuellen Beurteilungen in Form von mündlichen Rückmeldungen oder durch Lernentwicklungsberichte. Auf diese Weise wird der Schüler mit anderen verglichen und kann optimal in seinem Lernverhalten bestätigt oder aber auch individuell gefördert werden (Tipp 82).

› Tipp 82

Um die Ecke gedacht

Unter der Voraussetzung, dass Prozesse dokumentiert und reflektiert werden, bieten Fehler eine Chance zum Lernen und zur Entwicklung neuer Lernstrategien (Tipp 30). Das Portfolio und das Lerntagebuch sind geeignete Instrumente, um die Lernentwicklung der Schüler festzuhalten und entsprechende Schlüsse daraus zu ziehen.

› Tipp 30

Gleich mal ausprobieren

Entwerfen Sie einen Beurteilungsbogen für Lerntagebücher oder Portfolios, der die Lernfortschritte eines Schülers dokumentiert (Tipp 51, 52, 59).

› Tipp 51, 52, 59

18 Sozialnorm: Kollektiv bewerten

Die Bewertung erbrachter Leistungen orientiert sich normalerweise an den Leistungen einer Referenzgruppe. Meistens bildet die eigene Klasse die Vergleichsgruppe bei der Notengebung. Die Schüler werden je nach erreichter Punktzahl bei der Überprüfung in eine Rangordnung gebracht (Tipp 9, 10). Die Notenzuordnung zu einzelnen Punkten erfolgt dann in Anlehnung an die Gaußsche Normalverteilung.

› Tipp 9, 10

Gaußsche Normalverteilung

Achtung!

Eine Schulklasse stellt nichts weiter als eine kleine zufällig „zusammengewürfelte" Testgruppe dar, deren Zusammensetzung nicht für standardisierte Tests geeignet ist. Erst bei extremen Abweichungen von der Normalverteilung – zu viele gute oder zu viele schlechte Schüler – wird diese hinterfragt.

Viele Schüler, Eltern und Lehrer empfinden diese Art der Beurteilung als gerecht – die meisten Schüler befinden sich im Mittelbereich –, auch wenn z. B. der Lernfortschritt

Beurteilung gerecht oder ungerecht?

schwächerer Schüler so nicht angemessen bewertet werden kann (Tipp 26). Vorgegebene Standards und einheitliche Anforderungen werden nur teilweise berücksichtigt, da kein Vergleich mit anderen Lerngruppen erfolgt.

› Tipp 26

Gleich mal ausprobieren

Wenn Sie in Parallelklassen unterrichten oder unterrichtet haben: Vergleichen Sie die durchschnittlichen Ergebnisse der Klassenarbeiten und sonstigen Lernkontrollen, der mündlichen und sonstigen Leistungen sowie die Zeugnisnoten und überlegen Sie:

- Finden sich signifikante Unterschiede zwischen den Klassen?
- Sind diese Unterschiede (bzw. ihr Fehlen) wirklich sachlich begründet (Tipp 19)?

› Tipp 19

19 Sachnorm: Kriterienorientiert bewerten

Die Beurteilung der Lernleistungen nach Fach- und Sachaspekten ergibt sich aus dem gültigen Schulrecht. Die Lernziele der Unterrichtsfächer bilden dabei die Grundlage der Zensierung.

Fachspezifische Lernziele als Grundlage für Zensierung

Entsprechend den Notenstufendefinitionen hat ein Schüler die Anforderungen erfüllt oder auch nicht. Die Noten beziehen sich dabei ausschließlich auf das Erreichen der fachspezifischen Lernziele. Soziale Lernziele werden bei der Zensierung nicht berücksichtigt (Tipp 25).

› Tipp 25

Um die Ecke gedacht

Die Erweiterung der Lern- oder Kompetenzfelder hat den Begriff „Sachnorm" veralten lassen. Kriterien und Normen können nun auch aus sozialen oder methodischen Lernfeldern definiert werden.

Für die Messung und Bewertung fehlt es allerdings noch an Routine. Probleme bereiten insbesondere die klare Leistungsbeschreibung und -erfassung. Hier sind Entwicklungsbedarf und Unterstützung nötig.

Gleich mal ausprobieren

Die Bewertung sollte unabhängig von Gruppenleistungen erfolgen und Rückmeldung darüber geben, ob ein Schüler seine bisherigen Lernanstrengungen noch verbessern sollte oder nicht (Tipp 17, 82).

› Tipp 17, 82

Orientieren Sie sich an folgenden Fragen:

- Was soll geleistet werden?
- Warum soll es geleistet werden?
- Wie soll es geleistet werden?
- Wer muss was leisten?
- Welche Bezugsnorm gilt für die Bewertung?

Einflussnahme von Zusatzinformationen vermeiden

20

Positive oder negative Zusatzinformationen über einzelne Schüler können die Korrektur und Benotung von Arbeiten durch den Lehrer beeinflussen – und das sogar in scheinbar so problemlos zu bewertenden Bereichen wie Rechtschreibung und Mathematik – das ist empirisch eindeutig belegt.

Für die alltägliche Benotungspraxis ist dieser Umstand von enormer Bedeutung, weiß der Lehrer doch bei der Korrektur einer konkreten Arbeit meistens, ob es sich um das Heft eines Spitzenschülers, eines Sitzenbleibers, eines fleißigen oder eines häufig unaufmerksamen Schülers handelt (Tipp 21, 22).

› Tipp 21, 22

Um die Ecke gedacht

Oft haben Lehrer auch Zusatzinformationen über die außerschulischen Verhältnisse, in denen ein Schüler lebt. Dieses Wissen kann die Korrektur zusätzlich beeinflussen (Tipp 25). Man stelle sich z. B. vor, ein Lehrer weiß, dass der Vater eines Schülers Kollege, vielleicht sogar Fachkollege ist, ein anderer Schüler dagegen aus familiär völlig zerrütteten Verhältnissen kommt ...

› Tipp 25

Gleich mal ausprobieren

Anonymisieren Sie vor der Korrektur die Klassenarbeiten Ihrer Schüler so weit wie möglich und vergleichen Sie anschließend Ihre aktuellen Ergebnisse mit früheren Bewertungen. Können Sie Unterschiede feststellen?

21 Wirkung von Sympathie und Geschlecht beachten

Es ist empirisch unstrittig, dass einige Lehrer sich bei der Notenvergabe von Sympathien leiten lassen. Sie benoten diejenigen Schüler, die ihnen sympathisch sind, günstiger als diejenigen, die ihnen unsympathisch sind.

Achtung!

Dies trifft ausdrücklich nur für einen Teil der Lehrerschaft zu! Einerseits korrelieren bei manchen die Noten extrem stark mit der Sympathieeinstufung, andererseits gibt es aber natürlich auch Lehrer, die sich von solchen Faktoren unbeeindruckt und damit unbeeinflusst zeigen.

Bessere Benotung für Mädchen

Häufig werden bei objektiv gleicher Leistung Mädchen günstiger benotet als Jungen – und zwar von Lehrern wie von Lehrerinnen! In Befragungen geben Lehrerinnen wie Lehrer an, Mädchen im Vergleich zu Jungen als fleißiger, angepasster, ordentlicher usw. wahrzunehmen.

Gleich mal ausprobieren

Fertigen Sie sich für Ihre Klasse zwei Listen an:

- Eine „Sympathieliste“, in der Sie hierarchisch alle Schüler von „mir sehr sympathisch“ bis „mir äußerst unsympathisch“ notieren.
- Eine zweite, gleich aufgebaute Liste zu „Ordnung und Fleiß“.

Vergleichen Sie anschließend die Ergebnisse Ihrer letzten Korrekturen mit diesen Listen.

Bedeutung subjektiver Theorien einplanen

22

Das pädagogische Überzeugungswissen, das ein Lehrer im Lauf seines Berufslebens erlangt, ist Teil seiner berufsbezogenen „subjektiven Theorie". Hinsichtlich einzelner Aspekte der Lehrertätigkeit können diese subjektiven Theoriebestände in hohem Maße handlungsleitend sein.

Ausgeprägte Überzeugungen

Im Falle der Schülerbeurteilung werden die Wahrnehmung und die Einschätzung von Leistungen oft sehr stark von ausgeprägten Überzeugungen über das Zustandekommen von unterschiedlichen schulischen Leistungen beeinflusst (Tipp 21, 23).

› Tipp 21, 23

Achtung!

Die allgemeine Tatsache, dass man bevorzugt das wahrnimmt, was man wahrzunehmen erwartet, führt häufig zu Beobachtungsverzerrungen und -einseitigkeiten. Beispiele für solche Grundüberzeugungen sind etwa Sätze wie „Jungen sind sprachlich weniger begabt als Mädchen", „Lateinklassen sind besser" oder „Jungen sind stärker naturwissenschaftlich interessiert als Mädchen".

Sich nicht durch Haloeffekte täuschen lassen

23

Wenn von einem besonders auffälligen Merkmal oder vom Gesamteindruck automatisch auf andere, nicht direkt beobachtbare Merkmale geschlossen wird, spricht man vom Haloeffekt: Das Leitmerkmal oder der vorherrschende Eindruck überstrahlt gewissermaßen alle anderen Merkmale (Tipp 21).

› Tipp 21

In Bezug auf die schulische Leistungsbeurteilung können etwa die Mitarbeit, die Sprachfertigkeit, die Handschrift, die Heftführung und die allgemeine Ordentlichkeit, aber auch die Höflichkeit im Auftreten usw. als Leitmerkmale bei Schülern genannt werden.

Mitarbeit, Sprachfertigkeit, Handschrift

Ungerechtfertigte Schlussfolgerungen

Der grundsätzliche Fehler besteht darin, dass man von einem klar beobachteten Merkmal automatisch auf ein anderes schließt, das als quasi „logisch" mit dem beobachteten in Beziehung gesetzt wird, wie z. B. „Wer sich gut ausdrücken kann, kann auch klar denken", „Wer in Mathematik gut ist, hat auch in Latein gute Noten" oder auch „Dummheit und Stolz wachsen auf einem Holz".

Gleich mal ausprobieren

Stellen Sie sich allein oder noch besser im Gespräch mit Kollegen die Frage, ob und wie weit Sie (und Ihre Kollegen) schon einmal Haloeffekten der beschriebenen Art erlegen sind.

24 Verfälschungen durch Reihenfolgeeffekte vorbeugen

Werden mehrere Beurteilungen nacheinander durchgeführt, können Reihenfolgen- und Positionseffekte auftreten.

Der Erste setzt Maßstäbe

Bei aufeinanderfolgenden mündlichen Prüfungen etwa kann es für die Note eines Schülers erhebliche Auswirkungen haben, ob er unmittelbar nach einem sehr guten oder einem sehr schwachen Mitschüler geprüft wird. Die erste Note in einer Reihe von Prüfungen, das wissen alle, die häufiger mündliche Prüfungen abnehmen müssen, setzt meistens den Maßstab, mit dem die nachfolgenden Prüfungsleistungen verglichen werden.

Um die Ecke gedacht

Bei der Bewertung schriftlicher Arbeiten kann man häufig feststellen, dass sich der Beurteilungsmaßstab im Lauf der Korrektur langsam, für den Lehrer selbst zumeist unbemerkt, verändert. Zunächst kennt der korrigierende Lehrer nur seinen eigenen Erwartungshorizont, d. h. die Ideallösung, mit der er die Schülerantworten vergleicht. Im Verlauf der Korrektur sieht er immer mehr Beispiele dafür, was alles falsch gemacht werden kann, und wird vielleicht nachsichtiger in seiner Bewertung. Aber auch der umgekehrte Fall ist denkbar: Wenn beim Lehrer während der Korrektur die Befürchtung entsteht, die Arbeit könnte zu gut ausfallen, wird er – möglicherweise unbewusst – die Anforderungen im Lauf der Korrektur nachträglich erhöhen (Tipp 18).

› Tipp 18

Gleich mal ausprobieren

Gegen Reihenfolgefehler helfen am besten die klare Orientierung an der Sachnorm (Tipp 19) und ein darauf aufbauender Bewertungsbogen.

› Tipp 19

Alle gleich behandeln

25

Kann es und darf es sein, dass Lehrer unterschiedliche Bewertungsmaßstäbe anlegen?
Dürfen Lehrer sozial benachteiligten Schülern, die z. B. kein eigenes Zimmer haben oder jeden Morgen Zeitungen austragen müssen, über die normalen pädagogischen Fördermaßnahmen (notfalls bis zum kostenlos erteilten Nachhilfeunterricht) hinaus kompensatorisch dergestalt unter die Arme greifen, dass sie z. B. für gleiche Leistungen unterschiedliche Noten geben?

Zweierlei Maß

Auf den ersten Blick ist sicher jeder geneigt, diese Frage mit „Nein" zu beantworten, denn so ein Vorgehen erscheint gerade deswegen als ungerecht und auch unrecht, weil mit zweierlei Maß gemessen wird.

Pädagogische Noten

Dürfen Lehrer also niemals die individuellen Umstände einer Einzelsituation wertend ins Auge fassen – pädagogische Noten geben? Das würde bedeuten, dass die Chancengleichheit auf den Abgleich punktueller kognitiver Leistungen reduziert würde.

Das Niedersächsische Kultusministerium hat sich dazu wie folgt geäußert: Durch die Bildungsstandards und die daraus abgeleiteten Kompetenzen „ist nicht die prozessuale Abfolge vorgegebener Lernziele und Inhalte …, sondern der tatsächliche Kompetenzerwerb…" zu bewerten (Tipp 8, 19, 26).

› Tipp 8, 19, 26

(Niedersächsisches Kultusministerium 2004, 7)

Gleich mal ausprobieren

Überlegen Sie einmal, wann und welchem Schüler Sie eine pädagogische Note gegeben haben! Welche Kriterien haben Sie bei der Bewertung berücksichtigt?
Sprechen Sie mit Ihren Schülern über den Sinn und Zweck solcher pädagogischer Noten. Notieren Sie anschließend Ihre Ergebnisse und diskutieren Sie sie mit Ihren Kollegen.

Durch Leistungsbewertung individuell fördern

26

Gegen das Prinzip der formal gerechten Gleichbehandlung gibt es eine Reihe von gewichtigen Argumenten:

- Die Objektivität von Prüfungen stellt notwendigerweise eine Reduktion und Verzerrung dar, weil sowohl der Prozess der Leistungserbringung als auch der der Beurteilung von vielen psychologisch-subjektiven Faktoren beeinflusst wird (Tipp 20–24, 68, 69), die identifiziert und ausgeräumt werden müssen, um die Ergebnisse nicht zu verfälschen.

› Tipp 20–24, 68, 69

- Die Vorstellung, dass dann, wenn Kollege A und Kollege B den gleichen Stoff im Unterricht behandeln, der Lernprozess und der Lernerfolg bei allen Schüler auch tatsächlich gleich sind, ist naiv: Zu unterschiedlich sind die Lehr- und Lernpersonen, sind das soziale sowie das Lern-Klima, zu unterschiedlich sind letztlich auch die äußeren Bedingungen.

Bedeutung der Bezugsgruppe

Das Lernpotential der Bezugsgruppe und ihr Verhaltensrepertoire sind jedoch entscheidend für die Lernmöglichkeiten und das Leistungsniveau eines jeden Individuums (Tipp 18).

› Tipp 18

- Leistungsbereitschaft (Tipp 56) und Mobilisierung von Lernenergien genauso wie von Interessen sind aber auch von den positiven Rückmeldungen derjenigen abhängig, deren Urteil den Schülern etwas bedeutet (Tipp 83, 89).
- Die Vorstellung, Lehrer hätten wie Richter zu agieren und ebenso objektiv, unparteiisch und gerecht zu entscheiden, ist nicht haltbar.

› Tipp 56
› Tipp 83, 89

Die Leistungsbewertung kann aber auch als Chance zur individuellen Förderung genutzt werden (Tipp 7). Dies umfasst im Wesentlichen, Motivationsanreize zur weiteren Leistungs- und Arbeitsbereitschaft zu schaffen, zur Persönlichkeitsstärkung beizutragen sowie zu angemessener Selbstdisziplin zu befähigen.

› Tipp 7

Motivationsanreize schaffen

Gleich mal ausprobieren

Planen Sie Ihre nächste Unterrichtseinheit so, dass Sie nach der Hälfte der vorgesehenen Stunden einen Selbstbeurteilungsbogen oder eine Checkliste (Tipp 67, 88) an die Schüler verteilen und diese für die weitere Unterrichtsplanung zugrunde legen.
Dieser Bogen bzw. diese Liste sollte möglichst präzise erfassen, was der betroffene Schüler in der Einheit bisher gelernt hat und sicher beherrscht, in welchen Bereichen er noch unsicher ist und was er noch gar nicht oder nur ansatzweise verstanden hat.

› Tipp 67, 88

27 Lern- und Leistungsbegriff weiter fassen

Was kann eine veränderte Kultur der Leistungsbeurteilung nicht leisten?
Zwei wesentliche Aspekte sind:

- Die Widersprüchlichkeit zwischen Selektion auf der einen Seite und Förderung (Tipp 7, 8) auf der anderen Seite, die die Schule strukturell kennzeichnet, lässt sich auch über die Leistungsbewertung nicht aufheben.

› Tipp 7, 8

- Intersubjektivität garantiert nicht absolute Gerechtigkeit (Tipp 25–29).

› Tipp 25–29

Interaktion

In Zukunft muss ein Schwerpunkt auf die Interaktion und deren qualitative Weiterentwicklung gelegt werden (Tipp 16). In den schülerorientierten Formen der Leistungsbeurteilung sind Konflikte nicht zu vermeiden. Dies sollte man auch nicht anstreben, werden durch Konflikte doch Unterschiede sichtbar, die ansonsten wahrscheinlich unerkannt bleiben würden. So erhöht sich die Komplexität einer nicht immer bis ins Letzte planbaren Situation, in der sich Lehrer wie Schüler bewähren können, für die aber größtenteils noch Routinen geschaffen werden müssen, um unnötige Auseinandersetzungen vermeiden zu können. Diese Routinen können sich mit Blick auf Vorbereitung, Durchführung und Reflexion der Interaktion herausbilden.

› Tipp 16

Neue Formen der Leistungsbewertung

Die bisherige Bewertungspraxis in der Schule zeigt eindeutig, dass die Konzentration in erster Linie auf dem inhaltlich-fachlichen Lernbereich liegt. Das ist natürlich kein Zufall, kann dieser doch mit den traditionellen Bewertungsformen wie Tests, Klassenarbeiten und Klausuren, Referaten, Beteiligungsnoten usw. beurteilt werden. Die anderen Lernbereiche sind jedoch mit diesen Bewertungsmodalitäten gar nicht oder nur unzureichend erfassbar. Daher benötigen Schulen neue Formen der Leistungsbewertung, die über den sachlich-inhaltlichen Lernbereich hinausgehen und sowohl den methodischen als auch den sozialen und den persönlichern Lernbereich erfassen (Tipp 3–6).

› Tipp 3–6

Hinter dieser Forderung steht die inzwischen auch auf der Ebene der Kultusbürokratien nicht mehr angezweifelte Erkenntnis, dass Schule in Zukunft mit einem weiter gefassten Lern- und Leistungsbegriff operieren muss.

Gleich mal ausprobieren

Reflektieren Sie einmal Ihre eigene Unterrichts- und Bewertungspraxis: Was bewerten Sie? Sind Sie mit Ihrer Bewertungspraxis zufrieden?

DIE VIER DIMENSIONEN DES LERN- UND LEISTUNGSBEGRIFFS 28

Lernkompetenz, d.h. Sach-, Methoden-, Sozial- und Selbstkompetenz, kann nur unter Berücksichtigung eines erweiterten Lern- und Leistungsbegriffs erworben werden, der durch die folgenden vier Dimensionen beschrieben wird:

Inhaltlich-fachlicher Lernbereich	Methodisch-strategischer Lernbereich	Sozial-kommunikativer Lernbereich	Persönlicher Lernbereich
wissen, kennen, beherrschen, anwenden können	aus Materialien Informationen entnehmen, exzerpieren, strukturieren, ordnen	zuhören, argumentieren, fragen, kooperieren	ein realistisches Eigenbild entwickeln und Selbstvertrauen gewinnen
verstehen, übertragen, erschließen, sich selbstständig auseinandersetzen, ordnen, übertragen, transferieren	Lern- und Arbeitsprozesse planen, organisieren, gestalten Arbeitsdisziplin wahren, Ordnung halten	sich in andere einfühlen, Signale wahrnehmen, integrieren, Konflikte lösen	die Fähigkeit zum Engagement entwickeln, (Selbst-) Kritikfähigkeit aufbauen
urteilen, begründen, reflektieren, problematisieren, erörtern	Entscheidungen treffen	Ergebnisse oder Prozesse präsentieren, Diskussionen und Gespräche leiten	Werthaltungen entwickeln

Achtung!

Sowohl Leistung als auch Leistungsentwicklung lassen sich in der Schule nicht direkt beobachten, sondern erschließen sich erst in der deutenden Beobachtung bzw. Überprüfung. Die vier Dimensionen des Leistungsbegriffs sind bei diesem Vorgang nur „künstlich", d.h. analytisch, zu trennen (Tipp 3–6).

› Tipp 3–6

Da der Kompetenzbegriff neben den vorhandenen Kenntnissen auch über die Fähigkeiten und Fertigkeiten sowie die innere Einstellung zu den Lerngegenständen Auskunft geben soll, muss die Leistungsüberprüfung auch diese Bereiche durch kompetenzorientierte Aufgaben erfassen.

Leistungen lassen sich am ehesten durch die Aufgaben differenzieren, die ein Schüler zu lösen imstande ist. Das bedeutet, dass das Vorgehen der Schüler in der Bearbeitung einer Aufgabe als Ergebnis einer Entscheidung erkennbar gemacht und mit Blick auf die Effektivität vom Schüler bewertet wird.

Abwägung und Abgrenzung von Alternativen

Das Abwägen von Alternativen in der Planung oder Reflexion beweist ein hohes methodisches Kompetenzniveau. Sie voneinander abzugrenzen, führt zu einer differenzierteren Bewertung bzw. Rückmeldung an den Schüler und zu mehr Transparenz.

29 Bewertungsbogen: Lern- und Leistungsdimensionen

Versuchen Sie doch einmal, die vier Lern- und Leistungsdimensionen anhand des folgenden Bewertungsbogens von Ihren Schülern beurteilen zu lassen:

Nachbereitung einer Unterrichtseinheit

Name: ______________________

Thema: ______________________

im Fach: ______________________

vom __________ bis __________

1. Im Unterricht kannst du Kompetenzen in unterschiedlichen Lernfeldern erwerben. Bitte beurteile in den einzelnen Feldern, ob du sehr viel (3), viel (2), wenig (1) oder nichts (0) dazugelernt hast und ob du dich darin sehr (3), einigermaßen (2), wenig (1) oder nicht (0) kompetent fühlst. Trage die entsprechenden Zahlen bitte in die Kästen ein.

1. Inhaltlich-fachlicher Lernbereich	2. Methodisch-strategischer Lernbereich	3. Sozial-kommunikativer Lernbereich	4. Persönlicher Lernbereich
Erwerb von inhaltlichem, fachlichem Wissen, Fähigkeiten und Fertigkeiten. Lernzuwachs: ❑ Kompetenz: ❑	Erwerb von Arbeitstechniken und Lernverfahren, die auch für künftige Lebenssituationen von Bedeutung sein werden. Lernzuwachs: ❑ Kompetenz: ❑	Erfahrungen in Gruppen im Umgang miteinander und in der Gestaltung eines positiven sozialen Klimas. Lernzuwachs: ❑ Kompetenz: ❑	Erfahrung und Selbsteinschätzung der eigenen Stärken und Grenzen. Lernzuwachs: ❑ Kompetenz: ❑

2. Neben Veränderungen im Wissen können sich auch Haltungen und Einstellungen ändern, kann sich das Gelernte auch auf zukünftiges Handeln auswirken. Registrierst du dazu bei dir Veränderungen? ja / nein

Wenn ja, welche? ______________________________

3. Bitte überlege abschließend, wie du deinen Beitrag zur Erreichung der Unterrichtsziele beurteilst. Wie sollte deine Mitarbeit im Unterricht benotet werden? Warum hast du dich für diese Benotung entschieden?

____

____

Formale Korrektur transparent gestalten

30

Die Korrektur von Klassenarbeiten und Klausuren soll den Schülern Fehler aufzeigen und es ihnen ermöglichen, ähnliche in Zukunft mithilfe passender Strategien zu vermeiden (Tipp 35).

› Tipp 35

Folgende formale Korrekturzeichen können in allen Klassenstufen verwendet werden:

Korrekturzeichen:

Beziehungsfehler	Bz
Satzbaufehler	Sb
Grammatikfehler	Gr
Streichung von Überflüssigem	[-]
Einschub von Fehlendem	V
Ausdrucksfehler	A
Wortwahlfehler	W
Wiederholungsfehler	Wdh
Rechtschreibfehler	R
Zeichensetzungsfehler	Z

Fehlerkategorien

Die Fehler können verschiedenen Kategorien zugeordnet werden: Die Korrekturzeichen Bz, Sb, [-], V, A, W, Wdh beziehen sich hauptsächlich auf die Form der Darstellung in der Klausur und werden bei der Bewertung der darstellerischen Leistung berücksichtigt. Die Fehler R, Z, Gr beziehen sich auf die sprachliche Form der Klausur. Gehäuftes Auftreten führt zu Punktabzug.

Um die Ecke gedacht

Die Korrekturzeichen erleichtern eine erste quantitative Fehleranalyse in einer Arbeit. Wenn die Fehlerhäufigkeit systematisch dokumentiert wird, kann auch ein Entwicklungsprozess entdeckt werden, und unterstützende Maßnahmen können so frühzeitig einsetzen.
Zwar wird dies selten gemacht, es könnte aber zu einer ersten Datenbasis für die Beschreibung der individuellen Entwicklung eines Schülers führen.
Schüler können die Dokumentation dieser Daten auch selbst übernehmen. Damit würden sie ihre Selbsteinschätzung datenorientierter, fundierter und selbstverantwortlicher vornehmen.

ANFORDERUNGSBEREICHE TRENNEN

31

Um zu einheitlichen Prüfungsanforderungen zu gelangen, bedarf es allgemeingültiger Kriterien, die je nach Schulstufe dem Alter der Schüler entsprechend angepasst werden können. Grundsätzlich werden die schriftlich zu erbringenden Leistungen demgemäß in die drei folgenden Bereiche unterteilt (Tipp 3–6):

› Tipp 3–6

Kennen, erkennen, verbinden

Der Anforderungsbereich I umfasst die Wiedergabe von Sachverhalten aus einem abgegrenzten Gebiet im gelernten Zusammenhang. Dazu gehören:

- *Kennen*
  - von Darstellungsformen,
  - von Arbeitstechniken,
  - von Strukturen und Ordnungen,
  - von Theorien, Klassifikationen und Modellen.
- *Erkennen* des Hauptgedankens, der Problemstellung.
- *Verbinden* der eigenen Kenntnisse und Einstellungen mit dem Thema.

Anwenden, erfassen, übertragen, verknüpfen

Der Anforderungsbereich II umfasst das selbstständige Erfassen und Einordnen bekannter Sachverhalte sowie das selbstständige Anwenden und Übertragen des Gelernten auf vergleichbare Sachverhalte. Dazu gehören:

- *Anwenden* von sachadäquaten Methoden.
- *Erfassen*
  - des Sinngehalts längerer und komplexer Texte,
  - des Hauptgedankens in differenzierter Form.
- *Übertragen* inhaltlicher und methodischer Kenntnisse auf neue Sachverhalte.
- *Verknüpfen* erworbener Kenntnisse mit neuen Sachverhalten.

Urteilen, begründen, problematisieren

Der Anforderungsbereich III umfasst die eigenständige Reflexion mit dem Ziel, zu selbstständigen Begründungen, Folgerungen, Deutungen und Wertungen zu gelangen. Dazu gehören:

- *Urteilen und begründen*
  – gezielte Nutzung des speziellen Fachwissens,
  – Formulierung begründeter Folgerungen,
  – Begründung eines selbstständigen Urteils,
  – Aufzeigen von Alternativen.
- *Problematisieren*
  – Problematisierung von Sachverhalten durch selbstständig entwickelte Fragestellungen oder Vorschläge,
  – Erörterung von Hypothesen und Überprüfung auf ihre Realisierungsbedingungen,
  – kritische Untersuchung und reflexive Distanz zum eigenen Vorgehen.

Gleich mal ausprobieren

Fertigen Sie bei der Formulierung der nächsten Klassenarbeit eine Tabelle an, in der Sie die Aufgabenformulierungen den obigen Anforderungsprofilen zuordnen.

32 Mit Korrekturbögen arbeiten

Untergliederung in Einzelaspekte

Die Arbeit mit Bewertungsbögen bedeutet prinzipiell immer eine Zergliederung der zu bewertenden Leistungen. Ganzheitliche Vorgänge oder Abläufe werden in Einzelaspekte untergliedert, systematisiert und damit operationalisiert. Hierzu bedarf es einer ebenso systematisierten wie operationalisierten Aufschlüsselung und neuen Zusammenfügung dieser Elemente.

Um die Ecke gedacht

› Tipp 3, 4

› Tipp 5, 6

Nicht alle Kriterien sind leicht operationalisierbar. Bei jenen aus dem inhaltlich-fachlichen sowie aus dem methodisch-strategischen Lernbereich (Tipp 3, 4) gestaltet sich dies einfacher als beim sozial-kommunikativen oder persönlichen Lernbereich (Tipp 5, 6), denn Leistung ist ganzheitlich.

Die Arbeit mit Bewertungsbögen macht den Prozess der Leistungsbeurteilung transparenter und weniger anfällig gegen Fehlerquellen, wie sie z. B. hinter Vor- und Zusatzinformationen die Schüler betreffend lauern (Tipp 20–24).

› Tipp 20–24

Gleich mal ausprobieren

Überlegen Sie konkret für Ihre nächste Leistungskontrolle, welche Gesamtleistung Sie verlangen und wie diese in Teilleistungen gegliedert werden kann. Fertigen Sie einen entsprechenden Bogen an.

GEWICHTUNGSFAKTOREN BEACHTEN

33

Wer Leistungen in Teilleistungen aufteilt, muss diese stets in ihrem Binnenverhältnis zueinander gewichten. Um diese Quantifizierung kommt man nicht herum, denn auch eine scheinbare Nicht-Gewichtung mit dem Einheitsfaktor „eins" stellt eine Gewichtung dar (Tipp 12).

› Tipp 12

Bei der Erstellung eines Korrekturbogens ist eine quantifizierende Gewichtung der Teilleistungen also unumgänglich. Sie ist jedoch immer sehr stark abhängig von der konkreten Situation.

Quantifizierende Gewichtung der Teilleistungen

Um die Ecke gedacht

Wie wichtig z. B. die Orthografie ist, hängt im Wesentlichen von folgenden Faktoren ab: Jahrgangsstufe, Schulform, Art der Lerngruppe und besonders auch Unterrichtsfach! Daher erscheint es sinnvoll und notwendig, die Gewichtung der Teilleistungen mit der Klasse bzw. Lerngruppe zu diskutieren und gemeinsam festzulegen (Tipp 16).

› Tipp 16

Gleich mal ausprobieren

Stellen Sie in Ihrer Klasse vor der nächsten Leistungskontrolle Ihre Vorstellung zur Gewichtung einzelner Aufgabenbereiche zur Diskussion.

34 PUNKTESYSTEM PRAXISTAUGLICH GESTALTEN

Entwirft man ein individuelles Bewertungssystem, sollte man immer auf dessen Handhabbarkeit achten. Ein Punktesystem mit z. B. zehn oder mehr Abstufungen ist für operationalisierte Elemente unnötig kompliziert und zu fein. Ein duales Verfahren mit nur zwei Möglichkeiten („trifft zu – trifft nicht zu") hat dagegen den Vorteil, sehr einfach, schnell und effektiv in der Handhabung zu sein, aber oft den Nachteil, dass es zu grob ist und jede Form der Zwischenabstufung unzulässig.

Zwischenabstufungen

Achtung!

Prinzipiell ist von Systemen mit ungeraden Gesamtstufen abzuraten, da es in diesem Fall immer eine „unentschieden"-Stufung, also z. B. die „2" bei einem dreistufigen, die „3" bei einem fünfstufigen Vorgehen usw. gibt. Dieser Mittelwert verführt den unentschlossenen Beobachter bzw. Bewerter erfahrungsgemäß leicht dazu, einen faulen Kompromiss zu schließen.

Vierstufiges Punktesystem

Versuchen Sie es doch einmal mit einem vierstufigen System und folgenden Abstufungen:

3 Punkte (++)	=	vollständig gelöst bzw. gesichert erreicht.
2 Punkte (+)	=	überwiegend gelöst bzw. erreicht, aber Unsicherheiten erkennbar.
1 Punkt (0)	=	überwiegend nicht gelöst bzw. nur Lösungsansätze erkennbar.
0 Punkte (–)	=	nicht gelöst bzw. nicht erreicht.

Dieses System hat den Vorteil, dass es einerseits zwei Zwischenstufen zulässt, andererseits leicht, schnell und effektiv handhabbar ist. Grundsätzlich ist auch ein sechsstufiges System möglich, das den Zwischenstufenbereich noch stärker untergliedert.

35

Es gibt eine Reihe von typischen Fehlern, die den Schülern z. B. bei der Wiedergabe bzw. der Analyse und Interpretation von Texten immer wieder unterlaufen. Wer sich einmal die Mühe gemacht hat, die Kennzeichnung dieser typischen Fehler zu standardisieren und mit griffigen Abkürzungen zu versehen, spart viel Zeit und dazu noch Schreibarbeit. Aber was noch wichtiger ist: Er gestaltet die Korrektur transparenter.

Fehlerkennzeichnung standardisieren

Um die Ecke gedacht

Statt z.B. zwanzigmal oder öfter bei der Korrektur einer Klassenarbeit an den Rand zu schreiben „Textwiedergabe an dieser Stelle ungenau", kann man ebenso ein aus wenigen Buchstaben oder auch einer Ziffer bestehendes Kürzel benutzen, wenn alle Schüler mithilfe des vorher verteilten standardisierten Korrekturbogens die Bedeutung der Abkürzung kennen.
Weitere Transparenz schafft man dadurch, dass man den jeweiligen Kürzeln gleich eine Benotung hinzufügt, wie z.B. eine Ziffernnote von 1–6.

Gleich mal ausprobieren

Überlegen Sie, welche Fehler bei Ihren Schülern immer wieder auftauchen, listen Sie sie in einer Tabelle mit entsprechenden Abkürzungen auf, und verteilen Sie diese zusammen mit der nächsten korrigierten Klassenarbeit an Ihre Schüler.

Die folgenden Beispiele sollen lediglich Anregungen oder Hilfestellungen sein, die Kennzeichnung typischer Fehler zu standardisieren (Tipp 30):

› Tipp 30

R Ta – Der Grad der sachlichen Richtigkeit der Textauswertung:
Die aufgestellten Behauptungen sind in Einklang mit bzw. in Widerspruch zum Wortlaut oder Sinn des Textes.

V Ta – Der Grad der Vollständigkeit der Textauswertung:
Die Hauptgedanken des Textes sind erfasst, bzw. wesentliche Gesichtspunkte bleiben verborgen.
B Ta – Textbelege:
Eigene Überlegungen werden durch Textbelege gestützt bzw. nicht untermauert.
Sp Ta – Sprachgebrauch:
Die Gedankengänge des Textes werden zutreffend und genau erfasst, oder die Wiedergabe verfälscht bzw. entstellt den Text.
A Ta – Veranschaulichung durch Beispiele und Vergleiche:
Die eigenen Überlegungen sind mit Beispielen und Vergleichen erläutert, bzw. die Erläuterung fehlt.

Inhaltliche Korrekturbögen kreieren

36

Für häufig wiederkehrende inhaltliche Fehler empfiehlt sich ein einheitlicher Kommentar, den man den Schülern als Korrekturbogen zusammen mit der benoteten Leistungskontrolle, Klausur usw. aushändigt: Der entsprechende Fehler bekommt einen Buchstaben auf dem Korrekturbogen, im Heft findet der Schüler nur den gleichen Buchstaben und eine Note von 1–6. Der Korrekturbogen liefert dann den entsprechenden Kommentar.

Einheitlichkeit der Kommentierung, Arbeitsersparnis, Transparenz

Dieses Vorgehen hat – neben der Einheitlichkeit der Kommentierung und der Arbeitsersparnis – noch zwei weitere Vorteile:

- Beim Anlegen eines solchen Korrekturbogens wird man sich schnell klar darüber, worauf es bei der gestellten Aufgabe ankommt, welche Fehler man machen konnte bzw. welche am häufigsten gemacht wurden (Tipp 24).
- Die Schüler bekommen diesen Überblick ebenfalls und können leicht erfassen, welche Bewertungskriterien der Lehrer hatte, welche Fehler sie gemacht, welche sie vermieden haben.

› Tipp 24

Gleich mal ausprobieren

Arbeiten Sie bei der Korrektur der nächsten Leistungskontrolle mit einem Korrekturbogen für inhaltliche Fehler.
Sie müssen – ehe Sie die erste Schülerarbeit korrigieren – lediglich eine Reihe von Arbeiten lesen, die Standardfehler beziffern, kennzeichnen und auf einem Zettel notieren.
Natürlich können Sie diese Liste während der weiteren Korrekturarbeit verlängern, sofern sich weitere Fehler finden, die man auf dem Korrekturbogen kommentieren will.
Grundsätzlich ist es aber auch möglich, in einer der Stunden vor oder unmittelbar nach der Klassenarbeit oder Klausur gemeinsam mit den Schülern einen solchen Bogen zu entwickeln.

Standards für kreative Aufgaben nutzen

37

Für eine produktionsorientierte, kreative Leistung – z. B. das Malen eines Bildes, das Komponieren eines Liedes, das Schreiben eines fiktiven Briefes, die Gestaltung eines Standbildes – kann es grundsätzlich keine Musterlösung geben! Dennoch sollte auch in diesen Fällen die Bewertung und Benotung natürlich keineswegs willkürlich und intransparent sein.

Sinn und Zweck der Aufgabe

Ist man sich über den eigentlichen Sinn der Aufgabenstellung im Klaren und über das, was die Schüler lernen sollen, dann können auch für kreative Prüfungsleistungen transparente Kriterien zur Leistungsbewertung aufgestellt werden (Tipp 15, 54–58, 94).

› Tipp 15, 54–58, 94

Achtung!

Natürlich ist ein solcher Kriterienkatalog, gerade was seine Differenziertheit und Verbindlichkeit angeht, nicht mit dem inhaltsbezogenen Korrekturbogen vergleichbar. Als Grundlage der Korrektur und Bewertung ist er aber durchaus sinnvoll.

Gleich mal ausprobieren

Bei einer produktionsorientierten Textaufgabe, wie z. B. dem Ausfüllen von Lückentexten, der Weiterführung einer Romanhandlung, dem Schreiben fiktiver Briefe der handelnden Romanfiguren an Freunde usw., können die folgenden Bewertungskriterien aufgestellt werden:

- Wie gut gelingt es, sich in die Personen, ihre Art zu denken, zu fühlen und zu handeln, hineinzuversetzen?
- Wie überzeugend baut die Handlung auf der Vorlage auf?
- Gibt es unmotivierte Sprünge, Wendungen oder Überraschungen?
- Wie wird die Beziehung der Hauptpersonen zueinander reflektiert?
- Werden Veränderungen der Hauptpersonen weiter ausgestaltet?
- Auf der sprachlichen Ebene: Wie gut gelingt es dem Schüler den jeweiligen Sprachstil des Autors bzw. seiner Figuren zu treffen?

38 Schriftliche Präsentationen bewerten

Ein Kriterienkatalog kann auch die Grundlage für die Bewertung schriftlicher Präsentationen bilden. Er wird vorher bekanntgegeben und mit den Schülern besprochen bzw. ihnen erläutert.

Achtung!

Denken Sie stets daran, einen dem jeweiligen Alter der Schüler angemessenen Kriterienkatalog zu verwenden! Beispielsweise wird für ein Referat in der Klassenstufe 7 der Gesichtspunkt der Fehlerzahl wesentlich wichtiger sein als der des ausführlichen Literaturverzeichnisses. Die Sicherheit des methodischen Zugriffes wird dagegen in den oberen Klassen zunehmend an Bedeutung und Gewicht gewinnen.

Die Bewertung kann dann durchaus flexibel erfolgen – und zwar indem die einzelnen Aspekte des Kataloges in einen zusammenhängenden Text gebracht und um individuelle und nicht standardisierte Einschätzungen und Bewertungen erweitert werden. Dieses „gemischte“ Vorgehen ermöglicht einerseits eine ausgesprochen klare und vorher bekannte inhaltliche Vorstrukturierung der Bewertung, die die Korrekturarbeit deutlich beschleunigt. Andererseits wird aber durch die Möglichkeit, jederzeit von der standardisierten zur individuellen Ebene zu wechseln, jedes Vorgehen nach Schema F verhindert (Tipp 15).

Standardisierte und individuelle Einschätzungen und Bewertungen

› Tipp 15

Gleich mal ausprobieren

Erstellen Sie einen Bewertungsbogen für ein Referat nach dem beschriebenen Schema. Ober- und Unterpunkte eines derartigen Bewertungsbogens könnten z. B. sein:

- *Inhalt* (vollständig / themenbezogen / in sich logisch / keine Abschweifungen / Thema verfehlt),
- *Methode* (angemessene Erhebungs- und Darstellungsmethoden / Umfang / Vorarbeiten / Quellen / Bemühen um Sachlichkeit),
- *Arbeitsergebnisse* (Verhältnis von Aufwand und Ergebnis / vertiefte und selbstständig-kritische Ergebnisse / Engagement des Schülers).

39 Subjektive Erlebnisberichte beurteilen

Betriebspraktika und die damit obligatorisch verbundenen Berichte gehören mittlerweile bundesweit in allen Sekundarschulen zum Standard. Dagegen ist die Gestaltung und Bewertung der Praktikumsberichte immer noch ausgesprochen heterogen und schwankt zwischen Benotungen innerhalb des üblichen Notenschemas bis hin zur völligen Nichtbewertung. Gerade deshalb sind in diesem Bereich unbedingt Transparenz und klare, eindeutige Absprachen zwischen Klasse und Lehrer notwendig!

Praktikumsberichte transparent und einheitlich bewerten

Achtung!

Ein subjektiv eingefärbter Erlebnisbericht ist weder eine spannende Erzählung noch ein Produkt der eigenen Phantasie. Im Gegenteil, hier kommt es für den Schüler wesentlich darauf an, zu zeigen, inwieweit er in der Lage ist, die gemachten Erfahrungen auch sinnvoll zu verarbeiten, zu strukturieren und zu formulieren! Subjektiv-unreflektierte Bewertungen à la „super", „krass", „ätzend" usw. haben in einem Praktikumsbericht grundsätzlich nichts zu suchen!

Gleich mal ausprobieren

Die folgenden Gedanken sollen Ihnen Anregungen geben, welche Bereiche des Praktikumsberichts von Ihrem Bewertungsbogen erfasst werden sollten:

- Schilderung des Betriebs
- Mitarbeiter
- Ausbildung
- Schilderung der eigenen Eindrücke
- Schilderung der eigenen Tätigkeit
- Was hat das Praktikum für mich persönlich gebracht?

Mündliche Mitarbeit quantitativ gewichten

40

Beobachtung und Erinnerung als Bewertungsbasis

Die Bewertung mündlicher Leistungen im Unterricht gestaltet sich eher schwierig und ist häufig subjektiv und fehleranfällig, da keine Bewertungsgrundlage in dokumentierter und damit objektiver Form vorliegt, sondern die Beurteilung in der Regel nur auf Beobachtung und Erinnerung basiert.

› Tipp 41

Die Gewichtung der Quantität, also der Häufigkeit des Meldens bzw. des Aufrufens stiller Schüler, bildet einen Teil der Bewertung mündlicher Mitarbeit und wird bei den Schülern im Gegensatz zur Qualität (Tipp 41) erfahrungsgemäß verstärkt wahrgenommen.

Die folgende Leistungsbeschreibung stammt aus dem Internet: „Keine freiwillige Mitarbeit im Unterricht. Äußerungen nach Aufforderung sind falsch."
Diese Leistungsbeschreibung lässt keine Gewichtung von Teilleistungen zu. Zwar werden zwei Teilleistungen genannt, jedoch werden sie in ein starres Profil, zu einer festen Kombination gepresst.
Wie aber sollen dann folgende Fälle beurteilt werden: Peter erbringt seine mündliche Leistung nur nach Aufforderung, dann aber mit gutem Ergebnis. Klaus dagegen meldet sich ununterbrochen, aber die Qualität seiner Beiträge lässt sehr zu wünschen übrig – beides ist in der obigen Leistungsbeschreibung nicht vorgesehen.
Bewertungsbögen für mündliche Leistungen sollten daher so gestaltet sein, dass alle Teilaspekte und -leistungen gesondert bewertet werden können.

Gewichtung von Teilleistungen

Gleich mal ausprobieren

Gestalten Sie ein Bewertungsraster, das sich z.B. an der folgenden „Linie" orientiert:
„Sagt nie etwas / nur nach Aufforderung / gelegentlich / regelmäßig / herausragend oft".
Ergänzen Sie die eigenen Bewertungsbögen ggf. durch Selbsteinschätzungsbögen der Schüler (Tipp 46).

› Tipp 46

Mündliche Mitarbeit qualitativ werten

41

Während Schüler bei sich und ihren Mitschülern meistens nur die Quantität mündlicher Leistungen (Tipp 40) wahrnehmen und dieser weniger stark differenzierte Bewertungsmuster zugrunde gelegt werden müssen, sind im qualitativen Bereich genauere Kriterien zur Differenzierung der mündlichen Leistungsbewertung unbedingt erforderlich.

› Tipp 40

Folgende Differenzierungsfragen sollten der Bewertung daher vorausgehen:

Qualität differenziert bewerten

Handelt es sich bei der Schüleräußerung um:
- eine bloße Wissensfrage, weil der Schüler z. B. eine Vokabel oder ein Fremdwort nicht kennt?
- eine reine Nachfrage zur Klärung eines Sachverhalts?
- eine sachlich zwar richtige, aber nur in einem Wort oder Satz gegebene Antwort?
- eine ausführlicher formulierte Antwort in mehreren, aufeinander bezogenen Sätzen?
- eine Verknüpfung mehrerer Gedankengänge mit einer selbstständigen, produktiven, umfassenden Beurteilung?

Von der Wissensfrage zur selbstständigen Beurteilung

Diese Aufzählung ist hierarchisch zu verstehen: Je weiter unten die Schüleräußerung anzusiedeln ist, desto größer und positiver ist die Leistung einzuschätzen. Die bloße Wissensfrage kann die Note zur mündlichen Mitarbeit nicht steigern, die selbstständige Beurteilung wird dies jedoch in erheblichem Maße tun (Tipp 48).

› Tipp 48

Gleich mal ausprobieren

Entwerfen Sie einen Bewertungsbogen zur qualitativen Einschätzung mündlicher Leistungen. Er kann folgendermaßen strukturiert sein (Tipp 93):

› Tipp 93

- „Sachlich durchgängig falsch / überwiegend falsch / überwiegend richtig / durchgängig richtig“

oder aber auch durch die Trennung in

- „Reproduktive Leistungen / Transferleistungen / Produktive Leistungen“.

42 Mündliche Mitarbeit: Vernetzungsfähigkeit

Eine Teilleistung mündlicher Mitarbeit ist die Vernetzungsfähigkeit. Hiermit ist insbesondere die Fähigkeit gemeint, Zusammenhänge zwischen bereits vorhandenem Wissen und anderen Thematiken (fachspezifisch wie auch fächerübergreifend) herzustellen und daraus entstehende neue Impulse und Ideen in den Arbeitsprozess einzubringen.

Achtung!

Nicht jeder „Geistesblitz“ eines Schülers stellt gleich eine sinnvolle Vernetzung dar! Im Gegenteil, oft führen vage Assoziationen, wie z.B. „Ich hab da doch mal etwas im Fernsehen gesehen ...“, eher vom Thema weg und stören den Unterrichtsfluss.
Also ist Vorsicht geboten: Nur die Schüleräußerungen, die wirklich eine Verbindung zu anderen Thematiken herstellen und ein neues Licht auf den behandelten Sachverhalt werfen, sind im Sinne dieser Teilleistung positiv zu bewerten.

Gleich mal ausprobieren

Beachten Sie das nächste Mal, wenn es um die Bewertung der mündlichen Mitarbeit geht, die Vernetzungsfähigkeit der einzelnen Schüler.
Ein Bewertungsraster könnte sich z.B. an der folgenden „Linie“ orientieren:
„Keine Fähigkeit zur Wiedergabe / Wiedergabe einfacher Sachverhalte aus dem gerade behandelten Gebiet / Verknüpfung mit Kenntnissen aus der Unterrichtseinheit / Verknüpfungsfähigkeit über die Einheit (und eventuell das Fach) hinaus“.

Mündliche Mitarbeit: Problemlösungsfähigkeit

43

Reflektieren, erkennen, beurteilen

Die Fähigkeit zur Problemlösung zeigt sich in drei hierarchisch gegliederten Stufen:

1. Reflexion des eigenen Arbeitsprozesses.
   Diese wird vor allem darin deutlich, dass wesentliche Aufgaben oder Aufgabenaspekte von unwesentlichen unterschieden werden können (neben der sicheren Nutzung fachspezifischer Arbeitsmittel und dem Beachten der fachlichen Richtigkeit) (Tipp 88).

› Tipp 88

2. Fähigkeit, Probleme zu erkennen, Widersprüche herauszuarbeiten und Positionen oder Theorien begründend zu hinterfragen.
3. Formulierung eines begründeten Sachurteils auf der Basis angemessener und eindeutiger Kriterien.

Gleich mal ausprobieren

Ein Beurteilungsraster zur Problemlösungsfähigkeit kann sich an der oben aufgestellten Hierarchie orientieren: „Keine Fähigkeit, Probleme zu erkennen / Fähigkeit zur Unterscheidung von Wichtigem und Unwichtigem / Probleme werden benannt und ansatzweise beurteilt / sachgerechte, ausgewogene und eigenständige Urteilsfähigkeit".

Mündliche Mitarbeit: Sprachverwendung

44

Fachsprache

Hinter dem Aspekt der Sprachverwendung verbergen sich eigentlich zwei Teilleistungen, die aber so eng miteinander verknüpft sind, dass sie zusammen beurteilt werden sollten: der allgemeine Sprachgebrauch und die angemessene Verwendung der Fachsprache.

Viele Schüler sind der Meinung, dass die Wortwahl vor allem in Bezug auf die mündliche Mitarbeit vergleichsweise unwichtig ist.

› Tipp 30, 35

In schriftlichen Lernkontrollen, in denen Lehrer auch Ausdrucks-, Wortwahl- und Stilfehler anstreichen (Tipp 30, 35), mag das Beharren auf einem angemessenen Sprachgebrauch für Schüler noch einsichtig sein, im Rahmen der mündlichen Beteiligung aber haben viele den Eindruck, so reden zu können, wie ihnen „der Schnabel gewachsen" ist. Integriert man als Lehrer daher die Teilleistung „Sprachverwendung" in die Bewertung der mündlichen Leistung, macht man deutlich, dass der präzise und angemessene Sprachgebrauch auch in der mündlichen Kommunikation eine wichtige Rolle spielt (Tipp 92, 93).

› Tipp 92, 93

Gleich mal ausprobieren

Möchten Sie die Aspekte „allgemeiner Sprachgebrauch“ und „Verwendung der Fachsprache“ in Ihre Beurteilung mit einbeziehen, dann orientieren Sie sich an folgender „Linie“: „Umgangssprachlich, unpräzise / unbeholfen deskriptiv, aber grundsätzlich nachvollziehbar / im Ansatz analytisch, Fachsprache wird grundsätzlich beherrscht / analytisch-präziser Zugriff, sicherer Gebrauch der Fachsprache“.

Mündliche Mitarbeit: Selbstbeurteilung 45

Die Selbstbeurteilung dient der Reflexion über das eigene Lernverhalten und die eigenen Leistungen (Tipp 96). Durch sie soll erreicht werden, das eigene Lernen genauer zu analysieren und vor diesem Hintergrund in Zukunft bewusster zu gestalten, um somit gleichzeitig das Lernverhalten zu optimieren (Tipp 88).

› Tipp 96

› Tipp 88

Die Bewertung des Schülerverhaltens und ihrer Ergebnisse sowie auch die mündliche Mitarbeit sollte daher nicht ausschließlich in die Hände der Lehrkraft gelegt werden.

Achtung!

Die Selbstbeurteilung des Schülers darf sich in keinem Fall auf die Übereinstimmung der Benotung durch Schüler und Lehrer beschränken! Zum einen könnte die Lehrkraft auf diese Weise auf bisher unentdeckte Schwächen des Schülers gestoßen werden. Zum anderen könnte sie aufgrund dieses Vorgehens als Spielerei angesehen werden, da abschließend sowieso die Lehrkraft das letzte Wort hat.

Schüler- und Lehrerbewertung als Gesprächsgrundlage

Es hat sich als sinnvoll erwiesen, wenn die Schüler ihre eigene mündliche Mitarbeit selbst beurteilen und diese Beurteilung den vom Lehrer entwickelten Beurteilungsbogen ergänzt. Beide Beurteilungen bzw. Einschätzungen (sowohl aus Lehrer- als auch aus Schülerperspektive) sollen gleichwertig die Grundlage für weitere Gespräche über zukünftige Ziele und Handlungsstrategien bilden.

Gleich mal ausprobieren

Ermöglichen Sie Ihren Schülern, ihre mündliche Mitarbeit selbst zu reflektieren. Dafür sollten Sie Ihre eigenen Beurteilungskriterien offenlegen, damit die Schüler ebenso differenziert über ihre Leistungen nachdenken.

Quantität und Qualität

Die gröbste Differenzierung bei der Beurteilung der mündlichen Mitarbeit, die den Schülern vor allem deutlich gemacht werden sollte, ist die Unterscheidung zwischen

› Tipp 40
- Quantität (Häufigkeit des Meldens) (Tipp 40) und
› Tipp 41
- Qualität (der geäußerten Beiträge) (Tipp 41).

› Tipp 46
› Tipp 49
› Tipp 42–44

Während die Quantität des Meldens eher leichter festgestellt werden kann (z. B. mithilfe von Strichlisten), ist die Feststellung der Qualität von Beiträgen gar nicht so einfach und fordert von den Schülern selbstkritisches Reflektieren (Tipp 46). Hier empfiehlt es sich, den Schülern Beobachtungspartner zur Verfügung zu stellen, die die Qualität der Äußerungen feststellen und ihre Ergebnisse anschließend zur gemeinsamen Auswertung bereitstellen (Tipp 49). Weitere Differenzierungen können z. B. nach Altersstufe oder Schulform vorgenommen und je nach Bedarf untergliedert und durchstrukturiert werden (Tipp 42–44).

Bewertungsbogen: Die eigene mündliche Mitarbeit

46

› Tipp 45

Schüler stehen der eigenen mündlichen Leistung im Regelfall durchaus kritisch gegenüber und sind in der Lage, verschiedene Facetten der Leistungsbreite zu sehen. Es fördert sowohl die Transparenz als auch die Akzeptanz der Bewertung mündlicher Leistungen, wenn sie selbst in die Bewertung mit einbezogen werden (Tipp 45).

Gleich mal ausprobieren

Das folgende Raster für die Bewertung mündlicher Leistungen wurde von einem Schüler einer 10. Klasse erstellt. Lassen Sie von Ihren Schülern ähnliche Raster erarbeiten und verwenden Sie sie bei der Bewertung.

Bewertungsbogen für die eigene mündliche Leistung

Name: ______________________

Klasse: ______________________

Fach: ______________________

	ja	nein
Melde ich mich häufig?		
Habe ich meine Hausaufgaben gemacht?		
Bin ich bereit, meine Hausaufgaben vorzutragen?		
Schaue ich meine Zuhörer beim Sprechen an?		
Frage ich nach, wenn ich etwas nicht verstehe?		
Vertrete ich meine Meinung mit Selbstbewusstsein?		
Verteidige ich auch Meinungen, die ich nicht vertrete?		
Fasse ich am Ende der Stunde die Ergebnisse zusammen?		
Arbeite ich effektiv in der Gruppe?		
Unterstütze ich schwächere Mitschüler?		
Bin ich in der Lage, Gelerntes auch anderen zu erklären?		
Kann ich mich leicht verständlich machen?		

Mündliche Mitarbeit: Rückmeldung geben

47

Transparenz schaffen! Dies ist ein Kriterium, das nicht nur bei der Planung und Durchführung von Unterrichtsstunden grundsätzlich beachtet werden sollte, sondern auch bei der Beurteilung der mündlichen Mitarbeit.

Um die Ecke gedacht

› Tipp 58

Nur wenn ein Schüler die Kriterien zur Beurteilung kennt und die eigene Mitarbeit somit detailliert reflektieren kann, hat er die Chance, seine mündlichen Leistungen auch zu verbessern, indem er sein Verhalten, wenn nötig, entsprechend verändert (Tipp 58).

Inhalte der Rückmeldung

Rückmeldung zu geben bedeutet nicht, dass die Schüler die Bewertungsunterlagen der Lehrkraft jederzeit einsehen können und ihre Note kommentarlos sowie ohne Maßgabe von bestimmten Kriterien erhalten. Die regelmäßige Rückmeldung sollte immer auf einem Gespräch zwischen Lehrer und Schüler basieren und folgende Aspekte berücksichtigen (Tipp 81–83):

› Tipp 81–83

- Unterrichtsfach festlegen
  Detaillierte Aussagen zu einem bestimmten Fach treffen.
- Zeitraum bestimmen
  Von wann bis wann wurde diese Leistung festgestellt?
- Rückmeldung über Häufigkeit des Meldens (Tipp 40)
  Wie oft meldet sich der Schüler in der entsprechenden Stunde?
- Rückmeldung über Qualität der Aussagen (Tipp 41)
  Klärung der Abstufung, z. B.: „Deine Aussagen sind sachlich überwiegend richtig, aber …"
- Abkommen treffen bzw. Ziele festlegen (Tipp 7)

› Tipp 40
› Tipp 41
› Tipp 7

Achtung!

Unterrichtet man als Lehrer mehr als nur ein Unterrichtsfach in einer Klasse, sollte die Rückmeldung auf keinen Fall generalisiert werden, indem man dem Schüler beispiels-

weise mitteilt: „In allen drei Unterrichtsfächern meldest du dich wenig!" Die Äußerung mag vielleicht stimmen, hilft dem Schüler in der Situation aber nicht weiter. Das Sich-Nicht-Melden kann unterschiedliche Ursachen haben, wie z.B. mögliche Schwächen bis hin zu Überforderung, Orientierungslosigkeit oder einfachem Desinteresse. Das Festlegen des Unterrichtsfaches für eine Rückmeldung ist daher dringend erforderlich!

Mündliche Mitarbeit: Beurteilen in der Praxis 48

Das Feststellen und Beurteilen mündlicher Schülerleistungen ist in der Praxis nicht immer einfach. Deshalb sollten vorab detaillierte Kriterien festgelegt werden.
Die Differenzierung zwischen der Qualität und Quantität von Schüleraussagen ist eines davon (Tipp 40, 41).

› Tipp 40, 41

Mündliche Leistung mit Muggelsteinen bewerten

Zur praktischen Leistungsfeststellung von mündlichen Schüleräußerungen im Unterricht kann folgende Vorgehensweise herangezogen werden, die sich aufgrund ihres spielerischen Charakters von den täglichen Beurteilungsbögen abhebt:
An einer für jeden Schüler zugänglichen Stelle im Klassenraum wird ein Glas mit Muggelsteinen (bunte Steine aus Glas) bereitgestellt. Die Regel lautet: Derjenige Schüler, der sich nach einer Frage gemeldet hat, von der Lehrkraft aufgerufen wurde und eine korrekte Aussage macht, darf einen Muggelstein aus dem Glas nehmen. Die Anzahl der Muggelsteine kann am Ende der Unterrichtsstunde entweder von den Schülern (gegenseitig), von einem beauftragten Schüler oder von der Lehrkraft selbst in eine Liste eingetragen werden. Als spielerischen Aspekt kann die Gewinnchance in dieses Verfahren miteingebracht werden, indem derjenige mit den meisten Muggelsteinen am Ende der Unterrichtsstunde gewinnt.

Leistungsvoraussetzungen beachten

Diese Vorgehensweise berücksichtigt primär die Quantität der Schüleräußerungen. Die Qualität geht mit der spontanen Beurteilung und offen ausgesprochenen Feststellung des Lehrers einher. D. h., je öfter sich ein Schüler meldet, desto mehr Muggelsteine bekommt er, aber nur dann, wenn die Äußerung auch korrekt war. Dies wird je nach Leistungsvoraussetzungen der Schüler individuell von der Lehrkraft entschieden.

SOS-Tipp

Der Anforderungscharakter muss natürlich hoch sein. Nur so kann man in der Unterrichtspraxis einen hohen Grad an Motivation bezüglich des Meldeverhaltens der Schüler feststellen.

Aspekte der Beurteilung

Diese Art der Beurteilung beinhaltet einige Aspekte, die unbedingt beachtet werden müssen:

- Die Lehrkraft muss alle Schüler gleich behandeln und darf nicht nur ein und denselben Schüler aufrufen.
- Nicht nur die Quantität zählt! Je nach Leistungsvoraussetzung der einzelnen Schüler sollte differenziert und spontan gehandelt werden.
- Nur wenn seine Aussage richtig ist, darf sich derjenige Schüler einen Stein nehmen, aber hier muss differenziert werden: Individuelle Leistungsmöglichkeiten der Schüler müssen erkannt und individuell beurteilt werden.

Gleich mal ausprobieren

Setzen Sie bei nächster Gelegenheit wie vorgeschlagen Muggelsteine zur Beurteilung mündlicher Leistungen ein. Die zwei folgenden Beispiele können dabei hilfreich sein:

Beispiel 1

Sarah meldet sich eigentlich nie im Unterricht. Nach Aufforderung gibt sie meistens sogar falsche Antworten. Meldet Sarah sich nun doch, aber ihre Aussage ist falsch, sollte je nach Situation entschieden werden, ob sie für ihre erste Aktion nicht dennoch belohnt werden soll.

Beispiel 2
Englischunterricht: Max meldet sich und fasst seine Antwort in einem Wort zusammen. Da Max sehr wohl in der Lage ist, seine Antwort als vollständigen Satz zu formulieren, bekommt er nur dann einen Stein, wenn er sich entsprechend seinem Leistungsniveau äußert.

Mündliche Mitarbeit: Schüler beobachten Schüler

49

Fairness im Unterricht zu erlangen, stellt für den Lehrer eine große Herausforderung dar. Die Kriterien zur Leistungsbeurteilung können noch so durchdacht und detailliert festgelegt werden – wenn ein Schüler der Meinung ist, der Lehrer beurteile ihn „falsch", steht die emotionale Aussage des Schülers gegen die „faktisch" festgelegte und letztendlich bestimmende Aussage der Lehrkraft.

Fair urteilen

Die Selbstwahrnehmung und Selbsteinschätzung der Schüler ist eine Kompetenz, die im Schulalltag gelernt werden kann (Tipp 85, 96).

› Tipp 85, 96

Effektiv und oft sehr aufschlussreich ist es, wenn die Aufgabe der Leistungsbeobachtung für bestimmte Zeit und mit einem speziellen Beobachtungsauftrag aus der Hand der Lehrkraft in die Hand eines Schülers gelegt wird (Tipp 89).

› Tipp 89

Achtung!

Schüler, die Schüler beobachten, sollten nicht willkürlich ausgewählt werden. Die Lehrkraft sollte versuchen, einen Schüler als Beobachter auszuwählen, der dem zu beobachtenden Schüler neutral gegenübersteht. D.h., die Schüler sollten weder befreundet noch verfeindet sein.
Des Weiteren sollte der beobachtende Schüler im Besitz genau festgelegter Kriterien sein, aufgrund derer er das Verhalten des anderen Schülers analysiert. Auf diese Weise verläuft die Beobachtung gezielt und nicht willkürlich.

Um die Ecke gedacht

Dieser Perspektivenwechsel, den der beobachtende Schüler vornimmt, kann letztlich sogar dessen eigenen Erkenntnisprozess unterstützen, indem deutlich wird, wie facettenreich die Beurteilung der mündlichen Beteiligung ist, bis sie sich zu einer feststehenden Note entwickelt. Weiterhin befindet sich der Schüler für eine gewisse Zeit in der Situation der Lehrkraft und wird durch dieses Erlebnis möglicherweise in bestimmter Hinsicht einsichtiger.

50 Mappen- und Heftführung beurteilen

In offenen Unterrichtsformen ist die Bewertung eines Hausheftes oder einer Unterrichtsbegleitmappe selbstverständlich, ohne sie würden diese Methoden nicht funktionieren. Aber auch bei konventionellen, geschlossenen Unterrichtsformen sollte die regelmäßige Beurteilung von Heft und Mappe fester Bestandteil des Bewertungsrituals sein.

Achtung!

Die Ansprüche an Heft- und Mappenführung sollten von Anfang an (schriftlich) transparent gemacht werden. So gibt es eine klare Basis für die Bewertung.

Folgende Kriterien zur Heft- und Mappenführung sind sprachlich und vom Anspruchsniveau auf die Klassen 5/6 ausgerichtet, können aber den komplexer werdenden Anforderungen höherer Jahrgänge leicht angepasst werden:

Anforderungen an Hefte und Mappen

1. Hefte und Mappen müssen vollständig sein (alle Papiere nebst Inhaltsverzeichnis und Nummerierung).
2. Sie müssen sauber geführt sein (gutes Schriftbild, saubere Zeichnungen).
3. Sie müssen ordentlich geführt werden (Papiere in der richtigen Reihenfolge).

4. Sie sollten übersichtlich gestaltet sein (Zusammengehöriges auf einer Seite, Einteilung in Kapitel).
5. Sie können zusätzliche Materialien enthalten.

Portfolios benoten

51

Lernstand und persönliche Stärken nachweisen

Der Begriff Portfolio bezeichnet ursprünglich eine Mappe, die wertvolle Dokumente enthält (z. B. Wertpapiere oder künstlerische Arbeiten). Auf die schulische Situation übertragen meint dies, dass ein Portfolio „Dokumente" enthält, die in Bezug auf den eigenen schulischen Werdegang „wertvoll", also aussagekräftig sind und als Nachweis für den erreichten Lernstand und die persönlichen Stärken dienen.

Achtung!

Nicht alles, was ein Schüler jemals produziert hat, gehört auch in ein Portfolio – im Gegenteil: Wer alles unterschiedslos sammelt, macht aus dem Portfolio einen Mülleimer! Die Kunst besteht gerade darin, das wirklich Wesentliche und Wichtige vom Unwichtigen zu trennen!

Regelmäßige, kritische Kommentierung

Das Portfolio kann seine Funktion nur dann erfüllen, wenn eine regelmäßige kritische Begleitung und Kommentierung durch die Lehrkraft stattfindet. Daneben ist es sinnvoll, eine weitere Person des eigenen Vertrauens (Mitschüler, Geschwister, Eltern, Freunde) in die Kommentierung einzubeziehen.

Gleich mal ausprobieren

Entwickeln Sie eine Bewertungsmatrix für die Portfolioarbeit, die sowohl die Selbstbewertung (Tipp 52) als auch die Bewertung einer Vertrauensperson sowie die der Lehrkraft enthält. Inhaltlich kann nach folgenden Kriterien differenziert werden:

› Tipp 52

- Arbeitsergebnisse aus dem Unterricht (z.B. selbstverfasste Texte, Bilder, Klausuren usw.)

- Ergebnisse aus der eigenen Lebenswelt/dem Alltag (z. B. Praktikumsberichte (Tipp 39), Urkunden usw.)
- Lernrückmeldungen (z. B. Beurteilungen besonderer Leistungen, Rückmeldungen durch Mitschüler usw.)

› Tipp 39

52 Portfolio mit Koordinatensystem beurteilen

Grafische Elemente wie Raster oder Koordinatensysteme erleichtern die Leistungsbewertung oft, da sie anschaulich die Stärken und Schwächen eines Produkts oder einer Kompetenz verdeutlichen.

Das folgende Koordinatensystem zur Beurteilung eines Portfolios eignet sich mit seiner Skala von 1 (fehlerhaft) bis 10 (überdurchschnittlich) sowohl zur Bewertung durch die Lehrkraft als auch zur Selbstbeurteilung durch den jeweiligen Schüler (Tipp 51).

› Tipp 51

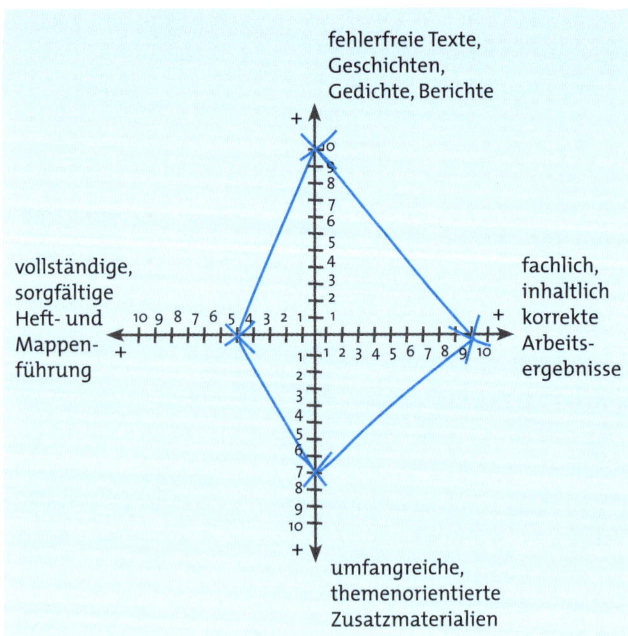

53

Experimente sind handlungsorientiert: Vermutungen werden formuliert, ein Versuchsaufbau, der diese Hypothesen bestätigen (oder widerlegen) kann, wird erdacht und nachgebaut, und schließlich wird das Experiment durchgeführt. Das Experiment an sich ist eine methodisch kontrollierte Tätigkeit: Jeder andere, der das gleiche Experiment unter den gleichen Bedingungen durchführt, muss zu identischen Ergebnissen gelangen.

Handlungsorientiert

Methodisch kontrolliert

Außerdem sind Experimente streng regelgeleitet: Die Ergebnisse müssen genau mit den vorher formulierten Hypothesen verglichen werden, um sie ganz oder teilweise (oder gar nicht) zu verifizieren. Störende Faktoren, die das Ergebnis verfälschen können oder verfälscht haben, müssen beseitigt werden, bevor das Experiment zwangsläufig wiederholt wird.

Regelgeleitet

Um die Ecke gedacht

Für die Durchführung eines Experiments ist eine ausgewogene Mischung aus kognitiven und manuellen Fähigkeiten nötig, also „Lernen mit Kopf, Herz und Hand“ (Pestalozzi) in seiner ursprünglichsten Form. Insbesondere dem haptischen Lerntypus kommt das Experimentieren sehr entgegen.

Gleich mal ausprobieren

Das Experiment als hypothesen- und regelgeleitete Tätigkeit erlaubt die unmittelbare Erfolgskontrolle des eigenen Denkens und Tuns.

Die Bewertung kann sich an folgenden Fragen orientieren:

- Entspricht der Versuchsverlauf den Erwartungen?
- Passt der Versuchsverlauf zu den Hypothesen?
- Erhält man auch bei der Versuchswiederholung das gleiche Ergebnis?

Entwerfen Sie mithilfe dieser Leitfragen einen Bewertungsbogen für konkrete Schülerexperimente.

Darstellerische Leistungen begutachten

54

Szenische Darstellungsformen wie Standbilder, Texttheater, Rollenspiele, szenische Interpretationen oder kurze gespielte Theaterszenen sind aufgrund der Flüchtigkeit der Handlungen oft schwer zu bewerten. Das Urteil hat daher häufig einen stark subjektiven Charakter (Tipp 13). Aber dennoch lassen sich hier drei Teilbereiche der darstellerischen Leistung herausarbeiten und quantifizieren:

› Tipp 13

Teilbereiche der darstellerischen Leistung

1. Rollenbiografien und -monologe: Eine Rolle wird auf das für sie Wesentliche reduziert, ihr Wesenskern wird herausgearbeitet und dann in einem zweiten Schritt szenisch dargestellt.
2. Schauspielerische Leistung: Die Qualität der Realisierung, der Umgang mit Requisiten, Bühnenraum und Kulisse.
3. Gestaltung der äußeren Rahmenbedingungen: Bühnenbild, Kostüme, Maske, Licht, Akustik, Öffentlichkeitsarbeit.

Gleich mal ausprobieren

Differenzieren Sie zwischen den drei genannten Teilbereichen und bewerten Sie diese mithilfe folgender Fragen (Tipp 55):

› Tipp 55

1. Rollenbiografien und -monologe

- Ist die Situation angemessen, ist die dargestellte Figur entwickelt und differenziert?
- Wird die Intention des Autors getroffen?

2. Schauspielerische Leistung

- Werden mimische, gestische und weitere körpersprachliche Mittel eingesetzt?
- Wurde der sprachliche Duktus getroffen?

3. Gestaltung der äußeren Rahmenbedingungen

- Kreativität im Entwurf des Bühnenbildes, in Bezug auf Kostüme und Maske?
- Beherrschung der technischen Elemente?
- Engagement in Bezug auf die Öffentlichkeitsarbeit?

Darstellerische Leistungen transparent beurteilen

55

Bei der Beurteilung von darstellerischen Leistungen besteht eine Diskrepanz zwischen der Notwendigkeit der Transparenz, die die Bewertung für die Schüler nachvollziehbar machen soll, und dem Schöpferischen, das aufgrund der Subjektivität der Beobachtungen möglichst nicht beurteilt werden sollte.
Es empfiehlt sich daher, die Beurteilungskriterien der darstellerischen Leistungen von vornherein möglichst detailliert festzulegen und mit den Schülern zu besprechen (Tipp 54).

› Tipp 54

Gleich mal ausprobieren

Musikunterricht: Standbildbewertung

Aus Mozarts Oper „Die Zauberflöte“ werden drei Szenen anhand von Standbildern festgehalten. Die Darstellung bezieht sich nicht auf den konkreten Inhalt der Oper in Bezug auf die Darsteller, sondern auf die musikalischen Veränderungen in diesen Szenen. Was die Schüler bei der Musik empfinden, wie sie es ausdrücken, ist subjektiv geprägt.
Das bedeutet, dass die Standbilder der Schüler untereinander zwar ähnlich sein können, weil alle Schüler vielleicht dieselbe Stimmung aus der Musik „heraushören“. Andererseits werden die persönlichen Hintergründe der Schüler besonders bei solchen emotionalen Eindrücken wie musikalischen Hörerlebnissen mit in die Standbilder eingearbeitet. Hatte ein Schüler z. B. bereits Kontakt (im Kindesalter) mit ähnlicher Musik, so kann die Interpretation anders ausfallen und darf in keinem Fall bewertet werden.
Da die Notwendigkeit der Leistungsbeurteilung aufgrund von Vorgaben aber besteht, sollte in so einem Fall überlegt werden, welches Detail bei einem Standbild bewertet werden könnte, ohne die „schöpferischen Qualitäten“ der Schüler „anzutasten“.
In der Praxis hat es sich als sinnvoll erwiesen, die Methode der Standbildbefragung heranzuziehen. Dadurch wird nicht das Standbild als solches bewertet, sondern allein die Be-

gründung der Schüler, die Idee, aus der heraus sie sich so „aufgestellt" haben und nicht anders. Diese lässt sich durch das „Handauflegen" auf die Schulter der darstellenden Person einfordern, was entweder die Lehrkraft selbst oder ein Schüler übernimmt.

Individuelle Leistungsbereitschaft berücksichtigen

56

Künstlerische Unterrichtsfächer, wie z. B. Musik oder Kunst, beinhalten einen weiteren Bereich der Leistungsbeurteilung: den schöpferisch-kreativen, der sich auch auf das individuelle Talent der Schüler bezieht.

Individuelles Talent

Im musischen Bereich spricht man diesbezüglich von der sogenannten Musikalität, die ein Schüler entweder „besitzt" oder „nicht besitzt".

Um die Ecke gedacht

Natürlich ist es nicht ausgeschlossen, dass ein Schüler in der Lage ist, sich diese Musikalität anzueignen. Erfahrungsgemäß lassen sich die Schüler jedoch wie folgt kategorisieren:

- Schüler, die musikalische Fähigkeiten mitbringen (z.B. durch musische Früherziehung, ein musisches Elternhaus usw.).
- Schüler, die keine musischen Vorkenntnisse besitzen, aber ein gewisses musikalisches Talent mitbringen.
- Schüler, für die die Musikpraxis eine große Herausforderung darstellt (unmusikalisch).

Aufgrund der Tatsache, dass Schüler z. B. entweder als „musikalisch" oder „unmusikalisch" beobachtet werden können und manche ihre musischen Vorkenntnisse mit einbringen, ist es dringend erforderlich, ein weiteres Kriterium der Leistungsbeurteilung hinzuzuziehen: die Leistungsbereitschaft des einzelnen Schülers.

Diesbezüglich gilt es, besonders folgende Aspekte zu berücksichtigen:

Aspekte der Leistungsbereitschaft

- Intensität der Auseinandersetzung mit der Materie (z. B. Einstudieren eines Songs),
- Bereitschaft, Hilfe anzunehmen und umzusetzen (z. B. von Schülern oder der Lehrkraft),
- Ausdauer und Motivation (nur intensive Übung macht den Meister!).

57 Praktische Darbietungen bewerten

Praktische Darbietungen, wie sie auch häufig im Musikunterricht zu finden sind, bedürfen eines detaillierten Kriterienkatalogs zur Leistungsbeurteilung, damit alle Schüler – sowohl die talentierten als auch die mit weniger Talent – die gleiche Chance erhalten (Tipp 68).

› Tipp 68

Bezogen auf den Musikunterricht, wird dieses Ziel zugunsten aller Schüler dann erreicht, wenn die Beurteilung zunächst in zwei gleichwertige Teilbereiche gegliedert wird:

Musikalische Kompetenz, Sozialkompetenz

1. Musikalische Kompetenz (musikalisch, praktische Darbietung)
2. Sozialkompetenz (Umgang mit anderen Schülern, Leistungsbereitschaft)

Gleich mal ausprobieren

Wenden Sie das folgende Beispiel im Musikunterricht an. Es geht detailliert auf die oben genannten Teilbereiche ein und beschreibt die Beurteilungskriterien zur Leistungsmessung, die sich in diesem konkreten Beispiel auf die praktische Umsetzung des Gitarrenspiels (anhand einer Liederarbeitung) beziehen:

1. Musikalische Kompetenz

Der Schüler

- kann die Strophen des Songs spielen,
- kann den Refrain spielen,
- kann den ganzen Song spielen,

- spielt die Abläufe fließend,
- spielt rhythmisch sicher,
- hält und spielt Gitarre fachgemäß korrekt.

2. Sozialkompetenz
Der Schüler
- hat sich organisatorisch engagiert,
- hat Leistungsbereitschaft für das selbstständige Erarbeiten gezeigt,
- war anderen Schülern behilflich (sowohl organisatorisch als auch musikalisch).

Bewertungskriterien für Kreativarbeiten offenlegen

58

Besonders bei längerfristigen Kreativarbeiten sollten den Schülern die Beurteilungskriterien vorab bekannt sein, um einem möglicherweise frustrierenden Endergebnis vorzubeugen.
Allein durch die zeitliche Intensität der Arbeit ist es von Vorteil, wenn die Schüler gleich zu Beginn wissen, worauf die Lehrkraft Wert legt und welche Kriterien unbedingt zu erfüllen sind. So kann verhindert werden, dass die Schüler am Thema vorbeiarbeiten oder gerade die Kriterien vernachlässigen, die der Lehrkraft besonders wichtig sind.

Bewertungskriterien ermöglichen zielgerichtetes Arbeiten

Gleich mal ausprobieren

Dieses Beispiel bezieht sich auf das Thema „Instrumentenkunde“ im Fach Musik: Jeder Schüler sucht sich ein Instrument aus und wird diesbezüglich zum Experten. Sein Wissen gibt er im Rahmen einer Präsentation an seine Mitschüler weiter.
Der folgende Bogen kann in altersgerecht abgeänderter Form in jeder Jahrgangsstufe eingesetzt werden. Er dient dazu, die Schüler detailliert über die Beurteilungskriterien für die Präsentation in Kenntnis zu setzen und sollte daher unbedingt *vor Beginn* der Kreativarbeit intensiv mit ihnen besprochen werden:

Liebe Klasse 6a,
euer Steckbrief wird nach folgenden Bewertungsaspekten beurteilt. Bitte stellt sicher, dass ihr die folgenden Fragen noch einmal kritisch überdenkt und entsprechend an eurem Steckbrief sowie dem Vortrag weiterarbeitet.

Zur Plakatgestaltung

- Ist das Plakat ansprechend und gut strukturiert?
- Hast du die Bilder selbst gezeichnet?
- Falls du Bilder aus anderen Quellen benutzt hast: Sind die Bilder optisch ansprechend und groß genug?

Zur inhaltlichen Gestaltung

- Sind die Informationen fachlich richtig?
- Sind die Informationen umfassend (viele Infos)?
- Hast du die Information selbstständig neu formuliert und nicht irgendwo abgeschrieben?
- Kannst du Fremdwörter erklären?

Zum Vortrag

- Hat dein Vortrag eine angemessene Länge (weder zu kurz noch zu lang)?
- Sprichst du frei (mithilfe eines Spickzettels)?
- Sprichst du laut und deutlich?

Anschauungsmaterialien

- Stellst du ein Hörbeispiel deines ausgewählten Instruments vor?
- Bringst du ein Instrument zur Demonstration mit?
- Hast du weitere Bilder oder Materialien, die das Instrument noch weiter erklären?

Lerntagebücher begutachten

59

Lerntagebücher sind individuell vom Schüler gestaltete Hefte oder Kladden, die in einem oder parallel auch mehreren Fächern geführt werden. Die Schüler halten in schriftlicher und bildlicher Form das fest, was sie vom Unterrichtsstoff verstanden haben, welche Lernstrategien sie eingesetzt haben und zu welchen Ergebnissen sie gekommen sind.

Um die Ecke gedacht

Lerntagebücher sind in der Umsetzung im Unterricht und in der Auswertung und Bewertung für den Lehrer sehr arbeitsintensiv. Sie bieten aber eine sehr gute Möglichkeit, die Vorgehensweisen der Schüler nachzuvollziehen und den Unterricht mit ihren Augen zu sehen.
Die Schüler notieren ihre Erfahrungen, ihre Vorgehensweisen und Erkenntnisse mit dem Stoff in ihren eigenen Worten. Auf diese Weise dokumentieren sie einerseits ihren individuellen Lernfortschritt (Tipp 88), den sie immer wieder nachlesen können. Sie formulieren aber andererseits auch ihre Probleme und Schwierigkeiten, äußern Zweifel oder auch Unmut über den vermittelten Fachinhalt.
Mithilfe des Lerntagebuchs lässt sich nachvollziehen, wie sich der Schüler die Unterrichtsinhalte im Einzelnen angeeignet hat. Daraus lassen sich Rückschlüsse für Erfolg oder Misserfolg ziehen: Das individuelle Lernverhalten (Tipp 71) kann analysiert und verändert werden und somit Lernfortschritte wie auch Lernerfolge begünstigen.

› Tipp 88

› Tipp 71

Individueller Lernfortschritt steht im Mittelpunkt

In Lerntagebüchern wird nicht das Ergebnis oder Produkt bewertet, sondern der individuelle Lernfortschritt. Es gibt keine Noten oder Punkte, wohl aber konkrete (schriftliche) Anmerkungen, wie z. B. „erfolgreich“, „geeignete Lernstrategie eingesetzt“, „hohe Kompetenz im Bereich der Arbeitstechniken“, „systematischer, zielgerichteter Lösungsansatz“, „deutlich erkennbarer Lernfortschritt“ usw.
Die Förderfunktion der Leistungsmessung und -bewertung steht dabei eindeutig im Vordergrund (Tipp 7).

› Tipp 7

Gleich mal ausprobieren

Lassen Sie Ihre Schüler ein Lerntagebuch führen und unterziehen Sie es einer regelmäßigen Bewertung.
Das Lerntagebuch muss drei Anforderungen genügen:

- Es sollte chronologisch und regelmäßig geführt werden.
- Die geschriebenen Texte müssen ausformuliert sein.
- Der Lernfortschritt wird dokumentiert.

Zeitrahmen von Prüfungn planen

60

Ein wichtiger Bestandteil beim Entwerfen von Prüfungen ist der zeitliche Rahmen, der für die einzelnen Aufgaben vorgesehen wird. Die Arbeitszeit ist so zu kalkulieren, dass die Schüler nicht gehetzt sind oder zur Flüchtigkeit verführt werden. Deshalb sollte angemessen Zeit und Gelegenheit gegeben werden, sowohl sorgfältig und in vollständigen Sätzen formulieren als auch das Geschriebene in Ruhe überprüfen zu können.

Bearbeitungszeit einhalten

Die vorgesehene Bearbeitungszeit sollte im Lauf der Arbeit nicht verändert werden, um nicht diejenigen zu benachteiligen, die sich auf die ursprüngliche Zeitangabe eingestellt und ihre Arbeit entsprechend eingeteilt haben. Ein Hinweis zum unmittelbar bevorstehenden Ende der Arbeitszeit sollte aber in jedem Fall gegeben werden.

Achtung!

Der angemessene Gebrauch von Arbeits- und Hilfsmitteln (Duden, Lexika, Taschenrechner, Formelsammlungen, Elementetafeln usw.) muss den Schülern vor ihrem erstmaligen Einsatz vertraut sein und eingeübt werden. Einmal eingeführte Hilfsmittel sollten im Regelfall auch weiterhin bei Klassenarbeiten verwendet werden dürfen.

Gleich mal ausprobieren

Überprüfen Sie das nächste Mal, wenn Sie eine Klassenarbeit entwerfen, wie viel Zeit man der Lösung einzelner Aufgaben in etwa widmen sollte (ggf. durch eigenes Ausprobieren).
Um daraus lernen zu können, ist eine Dokumentation des Zeitablaufs (Dauer der Aufgabenbearbeitung) für Lehrer und Schüler hilfreich: Passen Sie Ihre ursprüngliche Zeitplanung gemäß den bei der Prüfung gemachten Erfahrungen bei der nächsten Leistungskontrolle an und werten Sie die Ergebnisse erneut aus.
Auf diese Weise können Sie die Basis für ein individuelles Zeitmanagement schaffen.

61 Aufgaben passgenau konstruieren

› Tipp 67

Die inhaltlichen und methodischen Anforderungen der einzelnen Aufgaben sollten vor dem eigentlichen Beginn der Lernerfolgskontrolle in der Klasse daraufhin geprüft werden, ob sie von allen verstanden werden (Tipp 67).

Um die Ecke gedacht

Hinsichtlich des methodischen Vorgehens müssen die Schüler z. B. im Deutschunterricht zuverlässig wissen, was sie etwa bei einer Textwiedergabe, einer Texterläuterung und einer Texterörterung zu leisten haben und wodurch sich diese drei unterschiedlichen Aufgabentypen exakt unterscheiden.

› Tipp 33, 38

Außerdem müssen den Schülern neben den Anforderungen auch die entsprechenden qualitativen wie quantitativen Bewertungsmaßstäbe vor der Arbeit bekannt sein, genauso wie der Schwierigkeitsgrad und das Gewicht, das einzelne Aufgaben für die Gesamtbewertung haben (Tipp 33, 38).
Die Aufgaben sollen dem unterschiedlichen Leistungsstand der Schüler gerecht werden: Mit der Reproduktion des Gelernten soll eine ausreichende Leistung erreicht werden können. Darüber hinaus soll den Schülern die Möglichkeit gegeben werden, auch mit der Lösung reizvoller Probleme besonderes Wissen und Können unter Beweis zu stellen.

Leistungsstand berücksichtigen

62 Monitoring-Phasen einplanen

Der unterrichtende Lehrer wird auf Dauer verfälschte Daten erhalten, wenn die Schüler sich permanent in einer Leistungsmessungssituation befinden: In so einer Situation werden sie versuchen, all das zu vermeiden, was nach Fehlern oder Nichtkönnen aussieht und damit die eigene Note verschlechtern könnte.

Um die Ecke gedacht

Wie kann ein Schüler in einer permanenten Leistungsüberprüfungssituation reagieren, um eine möglichst gute Zensur zu erhalten?

- Fehler werden möglichst vertuscht, denn sie wirken sich negativ auf die Leistungsbewertung aus.
- Wenn man etwas nicht verstanden hat, fragt man auf keinen Fall den Lehrer, denn es könnte sich negativ auswirken, durch Nichtverstehen aufzufallen.
- Neue Lernwege werden möglichst vermieden, weil sie im Gegensatz zum Hauptweg nicht mit Sicherheit zum Ziel führen.

Aus Fehlern lernen

Wirklich sinnvoll lernen kann nur derjenige Schüler, der Fehler machen darf, ohne negative Folgen befürchten zu müssen. Daher ist es ratsam, auch ausdrücklich beurteilungsfreie Phasen in den Lernprozess zu integrieren.

Klare Trennung von Monitoring- und Bewertungsphasen

Allerdings ist dazu eine klare Trennung von beurteilungsfreien Monitoring- oder Lernphasen und Situationen der Leistungsbewertung notwendig:

- In der Lernphase muss sich jeder einzelne Schüler sicher sein, dass er Fehler machen kann, darf und soll, ohne dass dies Konsequenzen für die Zensuren hat.
- Wenn die Lernphase abgeschlossen ist und der Lehrer dies offiziell mitgeteilt hat, kann und wird die Phase der (mündlichen oder schriftlichen) Leistungsbewertung erfolgen, die die Grundlage für weitere Diagnoseschritte bilden kann (Tipp 7, 26).

› Tipp 7, 26

Gleich mal ausprobieren

Besprechen Sie mit Ihren Schülern die oben angesprochene Problematik und führen Sie eine klare Trennung von Lern- und Leistungssituation ein (Tipp 63).

› Tipp 63

63 Lern- und Prüfungssituationen klar trennen

Die Schüler müssen die Lernsituation von der Lernerfolgskontrollsituation deutlich unterscheiden können:

In der Lernsituation

- sind Fragen erwünscht, Fehler dürfen gemacht werden (Tipp 62),
- werden nur Erfolge bewertet,
- können Schüler auf Hilfe vonseiten der Gruppe und vom Lehrer bauen, wenn sie eine Fehleranalyse machen und daraus Konsequenzen ableiten wollen.

› Tipp 62

Selbstständig arbeiten, Misserfolge verarbeiten

In der Lernerfolgskontrollsituation

- müssen Aufgaben selbstständig bearbeitet werden,
- soll das Gelernte verfügbar sein,
- werden auch Misserfolge registriert.

Gleich mal ausprobieren

Die Schüler sollten durch nicht benotete, kleinere Übungsarbeiten und Tests auf die Situation der Lernerfolgskontrolle eingestellt und vorbereitet werden.

Verabreden Sie mit Ihren Schülern klare Regeln und Rituale, die die Lernsituation von der Lernerfolgskontrollsituation deutlich trennen, z. B.:

- Die gemeinsame Abarbeitung einer Checkliste.
- Ein (von Schülern vorbereitetes) Quiz wird gespielt.
- Bewegungs- und Lockerungsübungen.
- Das Ende einer Phase wird durch einen Gong signalisiert.

64 Vor und nach Klassenarbeiten Leitfragen stellen

Die folgenden „Vier Leitfragen für den Lehrer vor und nach Klassenarbeiten“ sind der Literatur entnommen und sollen hier als Orientierungsrahmen weiterempfohlen werden:

1. Habe ich alles mir Mögliche getan, um die Schülerinnen und Schüler auf diese Probe vorzubereiten? War ausreichend Gelegenheit zum Üben und Wiederholen? Sind die

Ziele deutlich und die Wege, auf denen sie zu erreichen sind? Wissen alle, worauf es jetzt ankommt (Tipp 61, 66, 67)?

2. Ist die Aufgabe aufgrund der gegebenen Voraussetzungen lösbar (Tipp 60)? Weiß jeder, wie eine gute Lösung aussehen sollte? Ist die Aufgabe verständlich, eindeutig und altersgerecht? Bietet sie eine Chance, dass man Spaß bei der Lösung haben kann?
3. Bekommt die Schülerin oder der Schüler mit dieser schriftlichen Arbeit einen für sie oder für ihn wichtigen Hinweis zu den Lernfortschritten? Bekommt sie oder er Hilfen, sie zu vervollkommnen?
4. Mache ich auf positive Entwicklungen und Aussichten deutlich genug aufmerksam und stärke damit Leistungsfähigkeit und Selbstwertgefühl dieser Schülerin oder dieses Schülers (Tipp 7, 82)?

(Albrecht, Dietrich 1989)

› Tipp 61, 66, 67
› Tipp 60
› Tipp 7, 82

Anforderungsbereiche streuen

65

In einer Prüfung oder Lernkontrolle sollte jeder Schüler individuell die Chance haben, zu zeigen, welche Kompetenzen er sich in der vorangegangenen Unterrichtseinheit angeeignet hat (Tipp 61).

› Tipp 61

Um die Ecke gedacht

Die Konstruktion, besonders von schriftlichen Prüfungsaufgaben, orientiert sich in der Regel am durchschnittlichen Leistungsniveau der Klasse. Grundsätzlich sollten die Aufgaben aber dem jeweils unterschiedlichen Leistungsstand der Schüler gerecht werden.

Alle Anforderungsbereiche abdecken

Bei der Gestaltung von Prüfungen oder Lernkontrollen sollten deshalb die aus den Lehrplänen hervorgehenden Anforderungsbereiche (Tipp 31) abgedeckt und gewichtet sowie

› Tipp 31

je nach Leistungsniveau der jeweiligen Lerngruppe individuell angepasst werden. Auf diese Weise kann bei der Leistungsmessung festgestellt werden, welche Kompetenzen der einzelne Schüler besitzt, und – je nach Bewältigung der unterschiedlichen Anforderungsbereiche – eine Gewichtung (Tipp 33) und Leistungsbewertung vorgenommen werden.

› Tipp 33

3 Schwierigkeitsgrade

Die Anforderungsbereiche untergliedern sich in drei Schwierigkeitsgrade:

Anforderungsbereich I: Reproduzieren
- Wiedergabe und direkte Anwendung von grundlegendem Wissen.

Anforderungsbereich II: Zusammenhänge herstellen
- Verknüpfen von Fertigkeiten und Fähigkeiten

Anforderungsbereich III: Schlussfolgern
- Inhalte verallgemeinern und reflektieren

Zeitmanagement ermöglichen

66

Jeder Lehrer erwartet von seinen Schülern, dass sie die Lerninhalte regelmäßig wiederholen, überprüfen und sich einprägen. Erfahrungsgemäß stellt die Ankündigung einer Prüfung oder Lernkontrolle jedoch immer wieder eine „Überraschung" für die Schüler dar und löst hektische Betriebsamkeit aus.

Leistungskontrolle frühzeitig ankündigen

Mithilfe einer frühzeitigen Ankündigung der nächsten Leistungsüberprüfung erhalten die Schüler die Möglichkeit, ihre Vorbereitungen zu organisieren und mit anderen Leistungskontrollen zu koordinieren.

Vorbereitungsstunden planen

Zusätzliche Transparenz kann geschaffen werden, indem Unterrichtsstunden zur Vorbereitung in Anzahl und möglicherweise auch unter Nennung ihres geplanten Inhalts bekanntgegeben werden.

Um die Ecke gedacht

Eine Lehrkraft, die von ihren Schülern ein gutes Zeitmanagement im Sinne einer frühzeitigen Vorbereitung auf die bevorstehende Überprüfung erwartet, sollte ihr eigenes selbstkritisch überprüfen und vor allem im Griff haben. Nur so kann gewährleistet werden, dass das Zeitmanagement von der Lehrkraft auf die Schüler übertragen werden kann.

Gleich mal ausprobieren

- Kündigen Sie für die übernächste Woche eine Lernkontrolle an.
- Legen Sie gemeinsam mit Ihren Schülern die verbleibende Anzahl an Unterrichts- bzw. Übungsstunden fest (möglicherweise werden für intensive Übungsblocks Fachunterrichtsstunden verschoben bzw. getauscht).
- Skizzieren Sie die Inhalte der kommenden Wiederholungsstunden, damit sich die Schüler auf konkrete Fragen und Inhalte vorbereiten können (Tipp 67).

› Tipp 67

67 Leistungsanforderungen rückspiegeln

Die Anforderungen und Bewertungsmaßstäbe sollten regelmäßig vor der nächsten Lernkontrolle bekanntgegeben werden (Tipp 66).

› Tipp 66

Je nach Altersstufe und Selbstständigkeit fällt es vielen Schülern schwer, ihre erworbenen Fähigkeiten, Fertigkeiten und/oder Kompetenzen anhand der vom Lehrer bekanntgegebenen Anforderungen eigenständig zu überprüfen.

Exemplarische Übungsaufgaben

Um den Schülern die Möglichkeit zu geben, ihr Wissen noch einmal zu reflektieren und mögliche Schwächen zu erkennen, sollten deshalb nicht nur Bewertungsmaßstäbe und/oder Lernziele bekanntgegeben, sondern darüber hinaus auch exemplarisch Übungsmöglichkeiten angeboten werden.

Wissen überprüfen

Bringen Sie daher „Rückspiegelaufgaben" als Vorbereitungsmöglichkeit in den Unterricht ein. Diese sollten sämtliche Inhalte der vorangegangenen Unterrichtseinheit zusammenfassen und den Schülern die Möglichkeit bieten, anhand von ausgewählten Übungen ihr Wissen zu überprüfen.

SOS-Tipp

Eine Checkliste kann den Schülern helfen, bei der Übung zu reflektieren, ob sie den Anforderungen für die anstehende Lernkontrolle gewachsen und gut vorbereitet sind.

Gleich mal ausprobieren

So könnte eine Checkliste als Begleiter für Rückspiegelaufgaben aussehen:

Klasse 6, Fach: Mathematik, Thema: Winkel

Teste dein Wissen mithilfe der Rückspiegelaufgaben und überprüfe folgende Fertigkeiten, die du für die Lernkontrolle beherrschen solltest:

- Winkel benennen
- Winkel messen
- Winkel zeichnen
- Winkelart benennen
- Koordinaten in Richtungs- und Entfernungsangaben umwandeln

Wiederholungschancen geben I

68

„Ich hatte einen schlechten Tag" könnte die Aussage eines Schülers lauten, der nach einer misslungenen Prüfung oder Lernkontrolle nach einer Ausrede sucht.
In der Praxis könnten die theoretischen Modelle der Kausalattribution dem Lehrer vielleicht helfen, eine Ursache für das schlechte Abschneiden des Schülers zu finden, bezogen

auf die Leistungsmessung sind sie allerdings nicht umsetzbar und finden daher auf diesem Gebiet keine Beachtung. Vielmehr muss unter Kollegen als Ausgangsfrage geklärt werden, ob Prüfungen, bei denen kognitive Kompetenzen abgefragt werden, denselben Bewertungsmaßstäben unterliegen wie praktische Prüfungen.

Unterschiedliche Bewertungsmaßstäbe je nach Prüfungsart

Um die Ecke gedacht

Anders als bei theoretischen Prüfungen, geht es bei praktischen Prüfungen doch nicht um abrufbare Kognition, sondern um enaktives Wissen, also „Einstudiertes", das – je nach Fach, Thema und Inhalt – eine bestimmte Körperbeherrschung erfordert und daher situativ abgerufen werden muss.

Gleich mal ausprobieren

Bei der Leistungsfeststellung im Musik- oder Sportunterricht (Bockspringen, Handball spielen o. Ä.) steht das Kriterium der enaktiven, situativen Handlung im Vordergrund.
Beachten Sie diesen Aspekt bei Ihrer nächsten Leistungsmessung, und geben Sie dem Schüler ggf. eine zweite Chance. Lassen Sie ihn z. B. bei der Präsentation einer Liederarbeitung am Keyboard nicht nur einmal vorspielen, sondern geben Sie ihm die Möglichkeit, das Stück oder bestimmte Sequenzen wiederholen zu dürfen.

Wiederholungschancen geben II

69

Der tägliche Umgang mit Schülern, die nach der Bearbeitung der Lernkontrollen vom „Verhauen" sprechen, ist Lehrkräften nicht fremd.
Ist eine Lernkontrolle schlecht ausgefallen, gibt es meistens keine zweite Chance. Die Lernziele wurden einmalig überprüft, die Chance ist vertan, die nächste Unterrichtseinheit wartet schon.

Neues Thema – neue Chance?

Der psychologische Weg der Schüler ist somit vorbestimmt: Werden die Inhalte nicht verstanden, wird die Überprüfung abgewartet, man versagt, und die Sache hat sich erledigt. Je nach persönlichem Befinden – und je nach Charakterstärke und Motivation – schaut der Schüler mit Zuversicht auf das nächste Thema und versucht die letzte Note mit einer neuen Chance – einem neuen Thema – zu kompensieren.

› Tipp 68

Ein möglicher Weg, die Unterrichtsinhalte und Lernkontrollen für die Schüler verbindlicher zu gestalten, wäre auch hier eine weitere Chance (Tipp 68).

Gleich mal ausprobieren

In Mathematik hat ein Schüler in der Lernkontrolle versagt. Die Unterrichtsinhalte wurden zumeist nicht verstanden.

Konzipieren Sie eine zweite, ggf. auch dritte Lernkontrolle, die sich nur auf die Kernaufgaben konzentriert und daher nur die „wichtigsten" Kompetenzen der aktuellen Unterrichtseinheit abfragt.

Die Aufgabe der Schüler besteht darin, eine Lernkontrolle *bestehen zu müssen*! Welche das ist, hängt von ihrem Einsatz und ihrem erworbenen Wissen ab. So muss sich jeder Schüler mit jeder Unterrichtseinheit auseinandersetzen, und im Idealfall werden bei der Leistungsfeststellung die Mindestanforderungen bei jedem Schüler erfüllt werden.

70 Gezieltes Beobachten trainieren

Wahrnehmung schärfen

Wer sehen kann, der kann auch beobachten. Das ist nicht nur eine landläufige Haltung, sondern eine besonders ausgeprägte in der Lehrerschaft. Natürlich wächst die Wahrnehmungsfähigkeit im Lauf der Berufspraxis an den Erfordernissen der Arbeit, sie wird schärfer. Ob sie allerdings offener wird, darf bezweifelt werden, gilt es doch im Regelfall, die Vielzahl der Informationen im Unterricht zu begrenzen und zu strukturieren, ohne lange darüber nachdenken zu müssen.

Um die Ecke gedacht

Dass die Wahrnehmung eher den Fehlern als den positiven Leistungen Beachtung schenkt, verwundert kaum, macht doch die Zahl der Fehler denjenigen Teil der Leistungsbewertung aus, der am leichtesten nachzuweisen ist. Die Folge ist eine Defizitorientierung in der Praxis.

Gleich mal ausprobieren

Bringen Sie Ihre Schüler dazu, ihre Stärken bewusst zum Erreichen selbst mitbestimmter Ziele einzusetzen, und übertragen Sie dieses Verhalten auf Ihre Art der Beurteilung: „Schatzsuche statt Fehlerfahndung" – versuchen Sie, die eigene Wahrnehmung neu zu fokussieren (Tipp 2).

› Tipp 2

Lernverhalten beurteilen

71

Positives Lernverhalten lässt sich anhand unterschiedlicher Fähigkeiten bewerten. Als Beurteilungskriterien sollten vor allem die folgenden herangezogen werden:

- **Wahrnehmungsfähigkeit**
  Wie detailgenau kann ein Schüler Bilder oder Gegenstände beschreiben? Wie schnell und präzise entdeckt er Fehler, Unterschiede oder Gemeinsamkeiten beim Vergleich von Bildern, Texten, mathematischen Reihen?
- **Wiedergabefähigkeit**
  Kann der Schüler Sachverhalte, Abläufe, Strukturen, Versuchsaufbauten, Texte usw. lückenlos wiedergeben und beschreiben? Hat er ein gutes Erinnerungsvermögen?
- **Ausdrucksvermögen**
  Verfügt der Schüler über einen großen Wortschatz? Kann er anschaulich erklären und seine Aussagen anderen verständlich machen (Tipp 6, 44)?
- **Transfer- oder Übertragungsfähigkeit**
  Kann der Schüler Bekanntes auf Unbekanntes übertragen? Ist er in der Lage, sich problemlos von vertrauten

› Tipp 6, 44

Vorgaben zu lösen und sich auf neue Bedingungen einzustellen? Überträgt er gelernte Regeln auf für ihn neue Sachverhalte (Tipp 42)?

› Tipp 42

- **Auffassungsfähigkeit**
  Erkennt der Schüler schnell das Wesentliche? Erfasst er die Zusammenhänge und logischen Verknüpfungen?
- **Beurteilungsfähigkeit**
  Kann der Schüler zwischen Darstellung und Kritik eines Sachverhaltes unterscheiden? Bemüht er sich um ein ausgewogenes Urteil? Erkennt er Widersprüchlichkeiten in (eigenen) Schlussfolgerungen?

Achtung!

Diese Kriterien sind hierarchisch strukturiert: Vom Einfachen zum Komplexen, vom Anforderungsbereich I (Kennen) bis zum Anforderungsbereich III (Urteilen) (Tipp 31).

› Tipp 31

Gleich mal ausprobieren

Erstellen Sie mithilfe der genannten Kriterien einen Beobachtungsbogen, mit dem Sie das Lernverhalten Ihrer Schüler gezielt erfassen können.

72 Arbeitsverhalten beurteilen

Das Arbeitsverhalten eines Schülers lässt sich nach folgenden Kriterien beurteilen:

- **Arbeitsdisziplin**
  Bringt der Schüler regelmäßig alle Hausaufgaben und Materialien zur Schule mit? Erledigt er in der Schule selbstständig und ohne Umschweife anstehende Aufgaben? Arbeitet er sorgfältig, zielgerichtet und präzise?
- **Eigene Arbeitsorganisation**
  Gliedert der Schüler die Arbeiten sinnvoll? Hat er eine gute Zeiteinteilung? Vergleicht er Aufgabenstellung und Resultat?

- **Konzentration und Ausdauer**
  Arbeitet der Schüler gleichmäßig über längere Zeit? Verfügt er über einen „langen Atem" bei anspruchsvollen Aufgaben? Entwickelt er eine hohe „Störresistenz" (Tipp 6)?
- **Sicherheit und Selbstständigkeit**
  Arbeitet der Schüler selbstständig? Weiß er sich angesichts auftauchender Probleme selbst zu helfen bzw. ist er in der Lage zu improvisieren? Beschafft er sich bei Bedarf eigenständig weitere Informationen?
- **Interesse und Engagement**
  Entwickelt der Schüler Eigeninitiative? Übernimmt er freiwillig Arbeit und ist bestrebt, das eigene Wissen zu erweitern (Tipp 56)?

› Tipp 6

› Tipp 56

Achtung!

Auch dieser Kriterienkatalog versteht sich als hierarchisch strukturiert: Von den eher anspruchslosen Basisqualifikationen zu anspruchsvollen Leistungen.

Gleich mal ausprobieren

Erstellen Sie mithilfe der obigen Kriterien einen Beobachtungsbogen, mit dem Sie das Arbeitsverhalten Ihrer Schüler gezielt erfassen können.

73 Sozial- und Individualverhalten bewerten

Wie das Lern- oder das Arbeitsverhalten (Tipp 71, 72) lässt sich auch das Sozial- und Individualverhalten eines Schülers nach unterschiedlichen Kriterien beurteilen:

› Tipp 71, 72

- **Hilfsbereitschaft**
  Respektiert der Schüler die Wünsche, Bedürfnisse und Ansprüche der anderen? Hilft er anderen oder unterstützt er sie? Schützt er Schwächere? Übernimmt er freiwillig Aufgaben?

- **Kontaktfähigkeit**
  Findet der Schüler leicht Kontakt? Spricht oder spielt er z. B. in den Pausen mit anderen bzw. arbeitet er häufig mit wechselnden Mitschülern?

Achtung!

> Dieses Kriterium ist mit Vorsicht anzuwenden, denn charakterlich bedingte Introvertiertheit ist keineswegs automatisch „schlechter" als Kontaktfreude!

- **Soziale Sensibilität**
  Nimmt der Schüler Stimmungen in der Lerngruppe wahr, und kann er darauf angemessen reagieren? Erkennt er Bedürfnisse und Gefühle der Mitschüler? Schätzt er die eigene Stellung in der Klasse richtig ein?
- **Kooperations- und Integrationsfähigkeit**
  Schätzt der Schüler die Partner- und Gruppenarbeit? Ist er bemüht, allen Meinungen in der Gruppe Gehör zu schenken? Hält er sich – auch ohne Kontrolle – an vereinbarte Regeln?
- **Konfliktfähigkeit**
  Geht der Schüler keinem notwendigen Konflikt aus dem Weg, sucht aber gleichzeitig immer nach fairen Lösungen für alle? Fragt er nach Konfliktursachen? Ist er nicht nachtragend?
- **Kritikfähigkeit**
  Ist der Schüler in der Lage, Kritik offen zu äußern? Kritisiert er konstruktiv und sachlich argumentierend? Kann er damit umgehen, selbst kritisiert zu werden?
- **Sicherheit und Selbstbehauptung**
  Wirkt der Schüler in Stress-Situationen ruhig, gelöst und leistungsfähig (Tipp 6)? Formuliert er offen seine Unzufriedenheit? Steht er zu seiner Meinung?

› Tipp 6

Gleich mal ausprobieren

Erstellen Sie mithilfe der genannten Kriterien einen Beobachtungsbogen, mit dem Sie das Sozialverhalten Ihrer Schüler gezielt erfassen können.

Die Differenzierung der Bewertung von Gruppenleistungen führt zwangsläufig zu folgender entscheidenden Frage: Wie lassen sich die Gruppen in die Bewertung integrieren, ohne sie zu überfordern?
Ein erster Schritt kann darin bestehen, den Vorschlag zur Bewertung des Gruppenproduktes der Gruppe zur Diskussion und Stellungnahme vorzulegen.

Diskussion innerhalb der Gruppen

Die Gruppenmitglieder diskutieren in der Folge untereinander und unabhängig vom Lehrer. Sie werden jedoch vorher auf die Punkte hingewiesen, die bei der Bewertung von Bedeutung waren. Schließlich sollten die Gruppen in ihrer Stellungnahme eine Entscheidung darüber getroffen haben, ob es eine gemeinsame Note für alle Gruppenmitglieder geben soll oder ob sie eine individuelle Benotung bevorzugen (Tipp 75).

› Tipp 75

Um die Ecke gedacht

Eigentlich ist die Kleingruppen-Arbeit *das* Instrument für die Binnendifferenzierung im Unterricht. In der unterrichtlichen Praxis regt sich dagegen auf Schülerseite oft Widerstand gegen diese Sozial- und Arbeitsform. Häufigstes Argument: „Gruppenarbeit ist gut für faule und schwache Schüler, da die fleißigen die Arbeit für sie mit erledigen." Gerade leistungsstarke Schüler sind daher meistens gegen Gruppenarbeit: Das macht die differenzierte Leistungsbewertung zu einer notwendigen Angelegenheit (Tipp 97).

› Tipp 97

Gleich mal ausprobieren

Stellen Sie im Anschluss an eine Gruppenphase Ihre Bewertungskriterien zur Diskussion und lassen Sie die Schüler diskutieren und entscheiden, ob sie eine gemeinsame oder eine individuelle Note erhalten wollen.

75 NOTENPOOL EINSETZEN

› Tipp 29, 45, 46, 85, 86, 89

Im Rahmen einer Gruppenbewertung stellt das Notenpool-Verfahren, in dem die Schüler zuerst selbst einen Vorschlag für die Benotung der Gruppe bzw. der einzelnen Gruppenmitglieder machen und diesen dann dem Lehrer zur Entscheidung vorlegen, eine sehr weitgehende Anforderung an die Selbstbeurteilungskompetenz der Schüler dar (Tipp 29, 45, 46, 85, 86, 89).

Die Gruppe erhält einen Pool an Punkten, der aus der Multiplikation der Note für das Gruppenergebnis mit der Zahl der Gruppenmitglieder erwächst, wie z. B.:

- Note für das Gruppenergebnis: 10 Punkte
- Zahl der Gruppenmitglieder: 5
- Notenpool: 50 Punkte (die innerhalb der Gruppe unterschiedlich verteilt werden können)

Aspekte der Leistungsbewertung

› Tipp 97

Außerdem werden den Schülern die Aspekte genannt, nach denen sie die Leistungsbewertung vornehmen können. Dies sollte in schriftlicher Form geschehen, um während der Diskussion darauf Bezug nehmen zu können. Aspekte der internen Leistungsbewertung durch die Schüler könnten z. B. sein (Tipp 97):

- Beiträge zum Erreichen des Gruppenzieles
- Qualität der Beiträge
- Übernahme von Aufgaben
- Engagement, Einsatz, Ausdauer

Gleich mal ausprobieren

- Legen Sie einen Notenpool fest, und informieren Sie Ihre Schüler über die Aspekte, die ihrer Leistungsbewertung zugrunde liegen sollen.
- Lassen Sie die Schüler in den einzelnen Gruppen zu einer Entscheidung über die Punktevergabe kommen und hören Sie sich in einer abschließenden Gesprächsrunde ihre Begründungen für die Bewertungen an.
- Legen Sie abschließend Ihre eigenen Bewertungen offen.

76

Bei der Inszenierung eines Gruppenpuzzles erfahren die Schüler durch den Wechsel von Individual- und Gruppenarbeit auch den Wechsel vom eigenen Lernen zu dessen Weitervermittlung an die Gruppenpartner.

Kooperationsfähigkeit und individuelles Leistungsprinzip

Das Gruppenpuzzle ist eine Unterrichtsform, die die Vorteile des Gruppenunterrichts, wie z. B. Kooperationsfähigkeit, mit dem individuellen Leistungsprinzip verbindet. Alle Mitglieder einer jeweiligen Gruppe können beim Gruppenpuzzle nur dann erfolgreich sein, wenn sie sowohl gemeinsam und miteinander als auch individuell und allein ihr Bestes geben (Tipp 73).

› Tipp 73

Zum Ablauf

Stamm- und Expertengruppen

Zunächst werden sogenannte Stammgruppen gebildet, die, wenn ein Thema nach z. B. vier verschiedenen Aspekten behandelt werden soll, auch vierköpfig sein müssen. Des Weiteren lässt sich das Vorgehen in sechs Arbeitsschritte unterteilen:

1. In der ersten (Stammgruppen-) Phase wird eine gemeinsame Aufgabe verteilt und bearbeitet.
2. Im Anschluss an die Stammgruppenphase werden vier Expertenthemen benannt. Die vier Mitglieder jeder Gruppe einigen sich auf je einen zukünftigen Experten für jeden Aspekt.
3. Die benannten Experten finden sich zu Expertengruppen zusammen, die dann anhand weiterer Materialien ihr Spezialgebiet gemeinsam erarbeiten.
4. Die ursprünglichen Stammgruppen setzen sich wieder zusammen.
   Jeder Experte hat jetzt die Aufgabe, den anderen drei Gruppenmitgliedern innerhalb eines vorgegebenen Zeitrahmens möglichst präzise und effektiv die im Expertenteam erarbeiteten Erkenntnisse zu vermitteln.
5. Nach der zweiten Stammgruppenphase wird ein Leistungstest in Einzelarbeit geschrieben.

Leistungstest in Einzelarbeit

Achtung!

Nur in der Form der isolierten Einzelarbeit ist sowohl die Qualität der Arbeit in den Expertenteams als auch die didaktische Fähigkeit der jeweils drei anderen Stammgruppenmitglieder überprüfbar.
Würde ein Gruppentest geschrieben, wäre erfahrungsgemäß jeder Experte darauf erpicht, sein Spezialgebiet zu bearbeiten. Damit fiele aber ein wichtiger Bestandteil des Gruppenpuzzles weg: die Fähigkeit nämlich, anderen Wissen zu vermitteln.

6. Abschließend werden die Tests ausgewertet und dann gruppenweise gewichtet und zurückgegeben!

Um die Ecke gedacht

Bei einem Gruppenpuzzle ist nicht die Einzelleistung entscheidend, sondern die jeweilige Gesamtleistung der Gruppe. Es gewinnt also trotz der Bedeutung der individuellen Einzelleistung im Test letztlich die Gruppe, in der die Vermittlungsarbeit an die jeweiligen drei Nichtexperten am erfolgreichsten war.

Gleich mal ausprobieren

Bereiten Sie ein Gruppenpuzzle zu einem entsprechenden Themengebiet Ihres Faches vor und führen Sie es in der beschriebenen Art und Weise durch.

77 Projektarbeit bewerten

Die Lern- und Arbeitsprozesse im Projektunterricht werden kooperativ geplant und gestaltet. Probleme müssen benannt, Aufgaben gestellt und verteilt, Informationen und Materialien beschafft, Arbeits- und Zeitpläne erstellt, Lernziele formuliert, Arbeitsverträge geschlossen werden.

Die Schüler arbeiten themen- oder schwerpunktbezogen, selbstständig und fachübergreifend. Deshalb ist es notwendig, die Leistungsfeststellung und -beurteilung diesen Arbeitsformen und Methoden anzupassen, d. h., Schülerselbstbeobachtung, -kontrolle, -einschätzung und -beurteilung sollten im Vordergrund der Leistungsbeurteilung stehen (Tipp 78).

Leistungsbeurteilung methodisch anpassen

› Tipp 78

SOS-Tipp

Es ist ratsam, die Beurteilung als einen eigenen Arbeitsabschnitt des Projekts zu deklarieren. Gemeinsam mit den Schülern sollte der Lehrer klare und verständliche Beurteilungskriterien und -verfahren zu Projektbeginn festlegen, die am Projektende zum Einsatz kommen.
Zwei Aspekte bestimmen in der Praxis die Bewertung des Arbeitsprodukts:

- **der Sachbezug,**
- **die Vermittlungsqualität.**

Je nachdem, wie viel Erfahrung eine Klasse oder ein Kurs im Umgang mit Projektarbeit hat, sollten die Schwerpunkte der Leistungsbewertung variieren.
Als Leitlinie gilt: Je weniger Erfahrung eine Lerngruppe hat, desto mehr Gewicht sollte auf die sozialen, methodischen und lernverhaltensmäßigen Fähigkeiten gelegt werden. Je mehr Erfahrung eine Lerngruppe dagegen hat, desto stärker werden die Ergebnisse und Präsentationen gewichtet (Tipp 94).

› Tipp 94

Die Produkte für die Leistungsrückmeldung können sein:

- der anfänglich aufgestellte Arbeitsplan,
- das zu Projektbeginn mit den Schülern vereinbarte Ergebnis ihrer Arbeit in der Gruppe,
- die Zwischenstandsberichte (mündlich, schriftlich),
- der (individuelle) Arbeitsprozessbericht,
- die Präsentation vor Publikum (methodisch, inhaltlich).

Produkte für Leistungsrückmeldung

Bewertungsbogen: Selbsteinschätzung – Projektlernen

78

› Tipp 47

Da den Schülern bei allen Formen des Projektlernens möglichst viel Raum für selbstständiges Arbeiten gegeben wird, sind regelmäßige Rückmeldungen (Tipp 47) z. B. in Form einer Selbsteinschätzung unbedingt erforderlich. Ein vorbereiteter Bogen erleichtert und standardisiert diese:

Selbsteinschätzung: Projektlernen

Name: ______________________ Datum: ______________

Bewertungsaspekt	Selbsteinschätzung		Lehrereinschätzung		Punkte
	immer	verbesserungsbedürftig	immer	verbesserungsbedürftig	
Fähigkeit: Mitschüler beachten					
Übernimmt Aufgaben					
Bespricht sich mit Mitschülern					
Spricht leise					
Gibt Unterstützung					
Gibt anderen Zeit zu überlegen					
Achtet auf den, der redet					
Fähigkeit: Selbstkontrolle					
Hört aufmerksam zu					
Arbeitet ruhig					
Zeigt eine gute Arbeitshaltung					
Kann sich konzentrieren					
Zappelt nicht herum					

Bewertungsaspekt	Selbsteinschätzung		Lehrereinschätzung		Punkte
	immer	verbesserungsbedürftig	immer	verbesserungsbedürftig	
Fähigkeit: Aufgabenbezogenheit					
Befolgt Anweisungen					
Arbeitet, ohne andere zu stören					
Bezieht sich auf das Thema					
Nutzt seine Arbeitszeit effektiv					
Beschäftigt sich mit der Aufgabe					
Lässt sich nicht leicht ablenken					
Fähigkeit: Zusammenarbeit					
Arbeitet gut mit anderen zusammen					
Übernimmt Aufgaben					
Nimmt Rücksicht					
Zeigt Sozialverhalten					
Achtet darauf, dass sich alle beteiligen					
Fähigkeit: Arbeitshaltung					
Hält seinen Arbeitsbereich in Ordnung					
Beteiligt sich am Aufräumen in der Klasse					
Achtet auf seine Bücher und sein Material					

Bewertungsaspekt	Selbsteinschätzung		Lehrereinschätzung		Punkte
	immer	verbesse-rungsbe-dürftig	immer	verbesse-rungsbe-dürftig	
Achtet auf die Bücher und Materialien anderer					
Geht sorgfältig mit Arbeitsmaterialien um					
Beachtet Klassenregeln					

Meine Ziele für die Zukunft: ______________________________

____

____

____

Auswertungsschlüssel:

6	überragend
5	tüchtig
4	kompetent
3	angemessen
2	dürftig
1	unzureichend

79 Arbeitsprozessbericht beurteilen

Im Arbeitsprozessbericht werden die Erfahrungen der Schüler dokumentiert und unter inhaltlichen, methodischen und sozialen Aspekten reflektiert. Statt diese im Einzelnen auszuführen, soll hier ein Beispiel zeigen, dass auch komplexe Sachverhalte in einer Sprache abgefragt werden können, die für Schüler aller Schulformen verständlich ist:

Abschlussbericht zur Projektarbeit

Schreibe deine Gedanken in vollständigen Sätzen auf maximal zwei Seiten auf. Der abgegebene Bericht wird anschließend nach Inhalt, Sprache (Rechtschreibung, Zeichensetzung, Grammatik, Ausdruck) und Form (Gliederung, Sauberkeit, Schrift ...) benotet.

In dem Bericht sollte auf folgende Fragen eingegangen werden:

- Warum hast du das Thema gewählt?
- Welche Aufgaben hast du übernommen und warum gerade diese?
- Welche Schwierigkeiten gab es bei der Beschaffung des benötigten Informationsmaterials und dessen Auswertung und wie ist es dir gelungen, diese zu lösen?

- Wie war die Zusammenarbeit in der Gruppe?
- Wie wurde festgelegt, wer was macht?
- Welche Konflikte gab es bei der Zusammenarbeit?
- Hast du gerne in der Gruppe gearbeitet? Warum/warum nicht?

- Was hat die Projektarbeit gebracht?
- Was hast du gelernt?
- Wie würdest du die Arbeit der Gruppe bzw. deine individuelle Arbeit bewerten?
- Welche Note würdest du der Gruppe und welche dir selbst für die geleistete Arbeit geben?

Um die Ecke gedacht

Die Qualitätsunterschiede verschiedener Arbeitsprozessberichte sind erfahrungsgemäß vor allen Dingen hinsichtlich der enthaltenen Beschreibungen und Reflexionen erkennbar.
Äußert der Schüler im Rahmen der Reflexion selbst Verbesserungsvorschläge, die sich auf künftige Projekte beziehen, ist dies ein deutliches Zeichen dafür, dass ein Lernprozess stattgefunden hat.

Die Qualität der Arbeitsprozessberichte wird im Vorfeld häufig kritisch betrachtet, und das mit Recht, wenn Schüler nicht auf diese Aufgabe vorbereitet werden.

› Tipp 59

Eine gute Grundlage bilden Lerntagebücher (Tipp 59) und Gruppenprotokolle, die eine solide Datenbasis liefern können. Die darin enthaltenen Informationen über die Reflexionsbereiche tragen dazu bei, die Wahrnehmung bei Lehrern wie Schülern zu schärfen.

Qualität des Berichts

Darüber hinaus bleibt es der Lehrkraft überlassen, im Vorfeld Erfolgskriterien zu benennen, die es der Gruppe in der Folge erlauben, sowohl während des Arbeitsprozesses als auch in Bezug auf das Ergebnis festzustellen, ob sie den vereinbarten Zielen näher kommt bzw. ob sie diese entsprechend erreicht hat.

Hier lehnt sich Projektarbeit an Projektmanagement an, in dem Evaluation (bzw. Controlling) ein wesentlicher Bestandteil ist. Der Grundsatz „Selbstevaluation geht vor Fremdevaluation" führt zu Formen der Beurteilung, in die Schüler aktiv eingebunden werden.

„Selbstevaluation geht vor Fremdevaluation"

So ergibt sich die Chance, Bewertung im Projektunterricht, der in hohem Maße selbstbestimmtes Lernen ermöglicht, stärker als integriertes Element zu sehen, das den Lern- und Arbeitsprozess voranbringen kann, und weniger als Fremdkörper, der die Zielsetzung gefährdet.

80 Rückgabe von Klassenarbeiten: Sachbezug stärken

Um die Situation bei der Rückgabe von schriftlichen Leistungskontrollen zu erleichtern und angemessen zu gestalten, sollte darauf geachtet werden, den Sachbezug zu stärken (Tipp 19).

› Tipp 19

Die Voraussetzung dafür ist, dass der Informationsstand der Interaktionspartner, d.h. zwischen Lehrer und Schülern, gleich ist, bevor ein Gespräch beginnt oder eine Kommentierung abgegeben wird.

Praktisch bedeutet das, dass den Schülern die bewerteten und kommentierten Klassenarbeiten ohne mündliche Bemerkungen zurückgegeben werden, am besten in zufälliger Reihenfolge, um den von Schülern häufig befürchteten Effekt der „Vorverurteilung" zu vermeiden.

Sachbezug stärken, Informationsstand vereinheitlichen

Um die Ecke gedacht

Häufige Praxis bei der Rückgabe von Klassenarbeiten ist, dass in der schriftlichen Bewertung kaum oder gar kein diagnostisches und auf Fördern ausgerichtetes Handeln zu erkennen ist. Es gibt eine deutliche Aussage zur Sachleistung, aber kaum Hinweise, auf welche konkreten Leistungen oder Fehler die Bewertung zurückzuführen ist.
Diese Form der schriftlichen Rückmeldung wird durch die mündlichen Kommentare bei der Rückgabe einer Klassenarbeit noch verstärkt, denn das Ritual ist im Regelfall starr festgelegt: Der Lehrer verteilt und kommentiert, bevor sich die Schüler mit den Ergebnissen der Arbeit vertraut machen können. Diese sind schon aus dem Informationsmangel heraus in der abhängigen Position.
So kann sich in dem typischen Verteilungsritual die Machtstellung des Lehrers manifestieren, während für Schüler, die stark unter Versagensängsten leiden, die Situation beinahe unerträglich wird.

Gleich mal ausprobieren

Lassen Sie den Schülern nach der Rückgabe einer Klassenarbeit Zeit, die eigene Leistung und die Bewertung zu verstehen und ggf. Verständnisprobleme zu klären.
Da die Rückgabesituation in vielen Fällen durch einen hohen Stressfaktor gekennzeichnet ist, erfordert Sie von Ihnen als Lehrer eine hohe kommunikative Kompetenz. Sie sollten sich in die Situation der Schüler hineinversetzen können, aber die Klarheit nicht zugunsten der Empathie aufgeben. Das ist schon deshalb häufig schwer durchzuhalten, weil sich die emotionale Spannung auch dann nicht so schnell abbaut, wenn die sachbezogenen Fragen geklärt sind.

81 Feedbackregeln aufstellen und einhalten

Ein gutes Feedback ist immer zielorientiert und nie personenbezogen. Es soll helfen, aus gemachten Fehlern zu lernen, um diese in Zukunft zu vermeiden.

Zielorientiert, nie personenbezogen

Derjenige, der ein Feedback gibt, sollte daher immer

- konstruktiv agieren und Perspektiven aufzeigen,
- konkret sein und nicht pauschalisieren,
- subjektiv formulieren und Ich-Botschaften vermitteln,
- eine ausgewogene Mischung aus Negativem und Positivem zur Diskussion stellen.

SOS-Tipp

Bewertungen, Deutungen und Interpretationen sind immer gefährlich, weil sie zu Missverständnissen Anlass geben (oder schlicht falsch sein) können.
Kritik in Form eines Feedbacks sollte daher immer sachlich sein und das zu Kritisierende möglichst wertfrei und objektiv beschreiben.

Zuhören und überdenken

Der Feedbackempfänger sollte

- den anderen ausreden lassen, um das Argument vollständig erfassen zu können,
- sich nicht sofort rechtfertigen oder verteidigen, sondern Kritik zunächst einfach akzeptieren,
- Verständnisfragen nur stellen, wenn er etwas wirklich nicht verstanden hat.

Gleich mal ausprobieren

Stellen Sie mit Ihren Schülern zusammen klare Regeln für das Feedback auf. Folgende Überlegungen können dabei hilfreich sein:

- In welchem Bereich möchten Sie mit Ihren Schülern eine regelmäßige Feedbackkultur entwickeln?
- Welche Wirkung soll das Feedback haben (Tipp 82)?
- Wie wollen Sie gemeinsam mit Kritik umgehen?
- Bringt das Feedback wirklich neue Erkenntnisse?

› Tipp 82

Funktion des Feedbackgebens berücksichtigen

82

Kennzeichnend für ein hilfreiches Feedback sind folgende Vorgehensweisen:

- sich in die Situation des Schülers einzufühlen,
- in der Ausdrucksweise eher einfach und auf keinen Fall ironisch zu sein,
- sich an der Situation und den Aufgaben/Zielen zu orientieren,
- mit dem Schüler im Voraus Vereinbarungen zu treffen (Tipp 81),
- sich auf konkrete Handlungen zu beziehen,
- Gefühle in die Rückmeldung zu integrieren,
- voreilige Werturteile zu vermeiden,
- keine Vorurteile zu verbalisieren,
- das Feedback in den Prozessablauf zu integrieren,
- für den Schüler unmittelbar realisierbare Vorschläge zu liefern.

› Tipp 81

In der Schule sollen Schüler zu einer realistischen Selbsteinschätzung kommen können (Tipp 85, 96). Die Leistungsrückmeldung ist dafür die eigentliche Lernumgebung. Allerdings ist es für die Schüler oft nicht leicht, aus den Rückmeldungen die Bestätigung oder Verwerfung der eigenen Zuschreibungen zu identifizieren.
Entscheidend ist deshalb, inwieweit in der Rückmeldung des Lehrers implizite Persönlichkeitstheorien zum Tragen kommen. Wenn der Lehrer die Leistungsdefizite an allgemeinen persönlichen Merkmalen festmacht (Tipp 21–23), wird es schwer, die Bewertung auf konkrete eigene Leistungen oder Fehler zurückzuführen, um daraus einen Ansatz zum konkreten Handeln zu entwickeln.

› Tipp 85, 96

Realistische Selbsteinschätzung ermöglichen

› Tipp 21–23

Gleich mal ausprobieren

Entwerfen Sie einen Selbstbeobachtungsbogen, mit dem die Schüler ehrliche Informationen z. B. über ihr Lernverhalten erhalten.

Aussagen, zu denen Stellung genommen werden sollte, könnten sein:

- Ich habe meine Aufgaben unaufgefordert vorgelegt.
- Ich habe gefragt, wenn ich etwas nicht verstanden habe.
- Ich habe mir Mühe gegeben, fehlerfrei und leserlich zu schreiben.
- Ich habe meine Mitschüler nicht beim Lernen gestört.
- Ich habe meinen Klassenkameraden beim Lernen geholfen.
- Ich habe den Unterricht aufmerksam verfolgt.
- Ich habe im Unterricht aktiv mitgearbeitet.
- Ich habe meine Mitschüler ausreden lassen und ihnen zugehört.

83 Mit Feedbackkarten arbeiten

› Tipp 84

Rückmeldung an Schüler und Lehrer

Feedbackkarten eigenen sich gut für Projektarbeit, Stationenlernen, Gruppenarbeiten usw. und können dort dem Feedback der Schüler untereinander dienen. Allerdings lässt sich mithilfe von Feedbackkarten nicht nur eine effektive Rückmeldung an die Schüler, sondern auch an die Lehrkraft über die Unterrichtseinheit durchführen (Tipp 84).
Auf Karteikarten werden Aussagen notiert und in Tandem- oder Gruppenarbeit diskutiert und ausgewertet.

Gleich mal ausprobieren

Lassen Sie Ihre Schüler mithilfe von Feedbackkarten nachträglich eine Unterrichtseinheit bewerten.
Die Bewertungsindikatoren werden einzeln auf Karteikarten geschrieben und liegen verdeckt auf einem Tisch. Sie können in einem Vorgespräch gemeinsam entwickelt werden. Zum Beispiel:

- Es gelingt dem Lehrer, die Schüler zu motivieren und ihr Interesse für bestimmte Themen zu wecken.
- Der Unterrichtsablauf ist so geregelt, dass es im angemessenen Wechsel Phasen der Anspannung und der Entspannung gibt.

- Schüler werden im Unterricht weder benachteiligt noch bevorzugt.
- Die Klasse kann in vielen Phasen des Unterrichts selbstständig arbeiten.
- Unter den Schülern werden Konflikte offen ausgesprochen und gelöst.

Jedes Tandem zieht eine Karte, ohne den Inhalt zu kennen. Innerhalb von etwa fünf bis zehn Minuten besprechen die Partner unter folgenden Aspekten die Aussage auf der gezogenen Karte:

- Wie wird dieses Merkmal in unserer Klasse umgesetzt?
- Welche Erfahrungen haben wir gemacht?
- Welche Aufgabe haben wir als Schüler dabei?
- Wie können wir den Qualitätsanspruch besser umsetzen?

Stichwortartig wird die Diskussion protokolliert.
Nach Abschluss der Diskussionsphase werden die Gedanken und Aussagen der jeweiligen Gruppe (Tandem) der ganzen Klasse vorgestellt. Daraus resultierende Ergebnisse werden schriftlich festgehalten.

SOS-Tipp

Die Karten können grundsätzlich auch auf einer großen Wandzeitung geclustert werden. So lassen sich die einzelnen Aspekte der Diskussion schriftlich fixieren und können immer noch einmal betrachtet werden.

84 Bewertungsbogen: Feedback zur Unterrichtsqualität

Nicht immer muss der Lehrer derjenige sein, der ein Feedback gibt. Im Folgenden finden Sie ein Beispiel für ein Schüler-Feedback zur Qualität des Unterrichts, das von Schülern einer 10. Klasse auf der Basis der zehn Kriterien guten Unterrichts von Hilbert Meyer *(vgl. Meyer 2004, 17f.)* erarbeitet worden ist:

Feedback zur Unterrichtsqualität

Bewertungsaspekt	Punkte (1–4)
Klare Strukturierung des Unterrichts	
1. Verschaffen eines Überblicks über den Unterrichtsverlauf	
2. Rollenklarheit	
3. Absprache von Regeln	
4. Zielklarheit	
5. Kein „Ostereierprinzip“	
Hoher Anteil echter Lernzeit	
1. Pünktlichkeit	
2. Themenbezug und Einhalten der geplanten Zeit für Teilaufgaben	
3. Themenbezug, nicht abschweifen	
4. Differenzieren, Prioritäten setzen	
5. Störungen vermeiden	
Lernförderliches Klima	
1. Konsequente Autorität	
2. Respekt und Regeln einhalten	
3. Gerechtigkeit	
4. Meinungen von Schülern und Lehrer sind gleichwertig	
Inhaltliche Klarheit	
1. Themenzusammenhänge klarstellen	
2. Verständlichkeit der Aufgabenstellung	
3. Zielklarheit	
4. Klare Vorgaben und Darstellungen	
Sinnstiftendes Kommunizieren	
1. Möglichkeiten zur mündlichen Beteiligung geben	
2. Besprechung mit Schülern	
3. Schülerfeedback	
4. Gemeinsame außerschulische Aktivitäten	

Bewertungsaspekt	Punkte (1–4)
Methodenvielfalt	
1. Einsatz verschiedener Materialien und Medien	
2. Gruppenarbeit	
3. Alternativen anbieten	
Individuelles Fördern	
1. Positive Verarbeitung der mündlichen Beteiligung	
2. Lernstände deutlich machen und bekanntgeben	
3. Starke individuelle Förderung	
4. Integration leistungsschwacher Schüler	
Intelligentes Üben	
1. Vermittlung von Lernstrategien	
2. Positive Hilfestellungen	
3. Fördernde Übungsaufgaben	
4. Freundliche Übungsumgebung	
Transparente Leistungserwartung	
1. Feedback an Schüler	
2. Unterricht orientiert sich am Leistungsvermögen der Schüler	
3. Formulierung der Leistungserwartung	
4. Hilfen zur Vorbereitung der Leistungsüberprüfungen	
Vorbereitete Umgebung	
1. Präsente Arbeitsmaterialien	
2. Angemessenes Lernwerkzeug	
3. Sinnvolle Sitzordnung	

(Punkteverteilung von 1 (mangelhaft) bis 4 (überdurchschnittlich)
Höchstmögliche Punktzahl: 160

Gesamtsumme Punkte: ______________

85 Selbstbewertung lernen

› Tipp 45, 86, 96

Selbstbewertung ist ein wesentliches Element der schulischen Erziehung. Grundsätzlich soll sie Schüler dazu befähigen, die Verantwortung für konkrete Leistungen zu tragen (Tipp 45, 86, 96).

Selbsteinschätzung vs. Fremdeinschätzung

Die Unterscheidung eigener Leistungsanteile von externen Faktoren ermöglicht eine realistische Einschätzung der eigenen Fähigkeiten insbesondere dann, wenn die Selbsteinschätzung mit einer Fremdeinschätzung konfrontiert werden kann, die sich an identischen Kriterien orientiert.

Um die Ecke gedacht

Wer die Selbstbewertung auf die Frage nach der Übereinstimmung der Benotung durch Schüler und Lehrer reduziert, greift zu kurz, da der Lehrer in der Benotung immer das letzte Wort hat und aus seiner Verantwortung auch nicht entlassen werden kann. Darüber hinaus wäre es eine Überforderung oder gar Zumutung für Schüler, in die Notenfindung für die Zeugnisse eigene Schwächen oder Fehler einzubringen, die möglicherweise vom Lehrer gar nicht entdeckt worden wären.

Gleich mal ausprobieren

Schüler mit spezifischen Defiziten sollten ganz gezielt an eine entsprechende Selbstbewertung herangeführt werden. Lassen Sie z.B. denjenigen, der nie pünktlich ein Referat abgibt, schriftlich darüber reflektieren, weshalb er den vorgegebenen Zeitrahmen nicht einhält. Dasselbe können Sie von dem Schüler verlangen, der immer einen Teil seiner Materialien vergisst, usw.

Selbstbewertung differenziert einsetzen

86

Wenn Nachdenken über die eigene Leistung zu einer Bewertung führen soll, müssen Schüler lernen, einen Maßstab anzulegen, Kriterien zu benutzen, nach denen Leistung gemessen und mit anderen verglichen werden kann. Das ergibt sich nicht automatisch im Lauf des Arbeitsprozesses, sondern bedarf einer gezielten Erarbeitung von Kriterien und Indikatoren, die für Schüler verständlich sind und gleichzeitig Kompetenzen differenzierbar erfassen (Tipp 95).

› Tipp 95

Wahrnehmung fokussieren

Außerdem stellt sich die Frage, wie man es schafft, die Wahrnehmung der Schüler auf einzelne Aspekte ihrer Lernleistungen zu richten. Mithilfe folgender Aufschlüsselungsverfahren kann es gelingen:

- Lern- oder Arbeitsjournal als Reflexionsbasis (persönliche Projektberichte) (Tipp 59)
- Offene Bewertung und Anwendung von Kriterien in der Klasse (z. B. Mustertexte, Aufgabenbearbeitungen)
- Selbsteinschätzung im Rahmen eines „Notenpool"-Verfahrens (Tipp 75)

› Tipp 59
› Tipp 75

Gleich mal ausprobieren

Entwerfen Sie – am besten gemeinsam mit Ihren Schülern – einen Selbstbewertungsbogen (Tipp 87), mithilfe dessen die Schüler z. B. hinsichtlich folgender Lernfelder Ihren Lernzuwachs während des Unterrichts einschätzen sollen:

- Zielerreichendes, fachliches Lernen: Erwerb von inhaltlichem, fachlichem Wissen, Fähigkeiten und Fertigkeiten.
- Methodisch-strategisches Lernen: Erwerb von Arbeitstechniken und Lernverfahren, die auch für künftige Lebenssituationen von Bedeutung sein werden.
- Soziales, kommunikatives Lernen: Erfahrungen in Gruppen im Umgang miteinander und in der Gestaltung eines positiven sozialen Klimas.
- Selbsterfahrung und selbstbeurteilendes Lernen (Tipp 52): Erfahrung und Selbsteinschätzung der eigenen Stärken und Grenzen.

› Tipp 87
› Tipp 52

87 Selbstbewertungsbögen entwickeln

› Tipp 32

Um einen differenzierten Bewertungs- oder Beobachtungsbogen zu entwerfen, ist es prinzipiell notwendig, die zu bewertenden Leistungen bzw. das beobachtbare Verhalten in Einzelaspekte zu untergliedern (Tipp 32).

Klare Struktur, konkrete Kriterien

Zur Bewertung sind ein klar strukturierter Bogen und konkrete Kriterien notwendig, d. h., der Konfiguration des Bogens und der Formulierung der Kriterien kommt eine entscheidende Bedeutung zu: Beides muss handhabbar und alltagstauglich sein. Die Kriterien müssen für die Schüler sprachlich verständlich sein.

Gleich mal ausprobieren

Selbstbewertungsbögen können Sie zu den verschiedensten Themen gemeinsam mit Ihren Schülern oder allein entwickeln. Zum Beispiel:

- Fach- und jahrgangsbezogen: Eine Liste von Fähigkeiten, Fertigkeiten und Kompetenzen wird von den Schülern innerhalb einer Skala (etwa „beherrsche ich sicher / beherrsche ich teilweise / beherrsche ich ansatzweise / kann ich gar nicht") eingeschätzt. Hilfestellung geben die entsprechenden Lehrpläne.
- Selbstbewertung eigener Vorlieben und Stärken, eigener Abneigungen und Schwächen.
- Selbstanalyse über Ursachen schlechter Leistungen (z. B. bei Klassenarbeiten).
- Selbsteinschätzung der eigenen Arbeitsmotivation.

88 Eigenen Lernfortschritt einschätzen

Grundlagen des selbsterfahrenden Lernens sind die differenzierte Wahrnehmung und Beschreibung der eigenen Stärken und Schwächen sowie die Fähigkeit und der Wille, sich selbst Lern- und Verhaltensziele zu setzen und diese einzuhalten, ohne bei einem Misserfolg wieder davon abzurücken. Diese Fähigkeiten tragen im Idealfall auch zu einer realistischen und selbstkritischen Einschätzung des eigenen Lernfortschrittes bei.

Das selbsterfahrende Lernen sollte außerdem durch die Ausbildung der Fähigkeit zur selbstständigen Überprüfung der eigenen Arbeitsergebnisse auf Angemessenheit und Richtigkeit begleitet werden.

Überprüfung der eigenen Arbeitsergebnisse

Gleich mal ausprobieren

Diese Checkliste zur Selbstkontrolle für die Schüler lässt sich problemlos und schnell einsetzen:

Liebe Schülerinnen und Schüler,
dies ist eine Checkliste, in der ihr selbst eine Einschätzung eurer eigenen Leistungen vornehmen sollt. Sie wird von mir bei der Besprechung eurer Leistungen berücksichtigt werden. Gebt euch bitte selbst für jede Zeile eine Note in unserem normalen Notenschema von 1 (sehr gut) bis 6 (ungenügend):

Name:	Note (1–6)
Ich kann Lerninhalte langfristig behalten.	
Ich habe meine Lerntechniken systematisch weiterentwickelt.	
Ich lerne selbstständig und benötige keine Hilfestellungen.	
Ich arbeite zielstrebig und weiß immer genau, was ich machen muss.	
Ich bin für meine Arbeiten selbst verantwortlich.	
Ich arbeite konzentriert und lasse mich nicht ablenken.	
Ich bin beim Arbeiten und Lernen nicht leicht frustriert oder genervt.	
Ich kann den Texten, die ich lese, Informationen entnehmen.	
Ich entwickle erst einen Plan, bevor ich mit dem Arbeiten beginne.	
Ich überlege vorher genau, welche Materialien ich benötige.	
Ich führe meine Mappen ordentlich und übersichtlich.	
Ich bin in der Lage, mein Lern- und Arbeitsverhalten realistisch einzuschätzen.	

89 Schüler bewerten sich gegenseitig

Schüler bewerten ihre Mitschüler – entweder jeder jeden, in Tandems oder in den Gruppen, in denen sie gemeinsam gearbeitet haben.

› Tipp 49

Grundsätzlich sollte diese Art der Mitbewertung sensibel vorbereitet, in den Unterricht integriert und nur in den Klassen eingesetzt werden, in denen sie aufgrund der Zusammensetzung nicht schon zwangsläufig zu Konfliktsituationen führen wird (Tipp 49).

SOS-Tipp

Vereinbaren Sie mit Ihren Schülern Bewertungskriterien und entsprechende -indikatoren, sodass ihnen klare Orientierungspunkte für ihre Beurteilungen vorliegen. Soziogramme können außerdem die Grundlage für eine gegenseitige respektvolle Einschätzung und Bewertung bilden.

Verantwortung und Motivation

› Tipp 45

Die Schüler übernehmen im Rahmen des gegenseitigen Bewertungsverfahrens eine hohe Verantwortung – besonders für ihre Mitschüler. Gleichzeitig werden sie aber auch motiviert, sich selbst realistisch einzuschätzen, denn ihre Entscheidungen werden ernst genommen (Tipp 45). Sie übernehmen dabei nicht die Rolle des Lehrers, sondern ergänzen diese und erweitern die Bewertungsaufgabe.

Schülermitbewertung kann in sehr unterschiedlichen Situationen eingesetzt werden:

Produkte bewerten

1. Schüler bewerten Produkte
   - Schüler bewerten einzelne Aufgaben oder bearbeitete Aufgabenblätter ihrer Mitschüler (Diktate, Tests, Texte usw.). Die Lösungen der Aufgaben sind die Grundlage für die Bewertung.
   - Schüler bewerten Referate, Präsentationen, Darbietungen. Bewertungsbögen mit entsprechenden Kriterien bilden die Basis der Schülerbewertungen.

2. Schüler bewerten das Verhalten im Unterricht

- Schüler bewerten das Lern- und Arbeitsverhalten. Vorher verabredete und schriftlich fixierte Aspekte sind Grundlage für die Bewertung (Tipp 71, 72).
- Schüler bewerten die Arbeit in der Gruppe. Hier können nach vorher festgelegten Kriterien der Arbeitsplan, der Arbeitsprozess, das Arbeitsprodukt und die Präsentation bewertet werden (Tipp 74, 78).

Verhalten im Unterricht bewerten

› Tipp 71, 72

› Tipp 74, 78

Gleich mal ausprobieren

Bewertung zum Thema „Zusammenarbeit“: Legen Sie einige Beobachtungsaspekte fest, denen die Schüler die Namen derjenigen zuordnen, die ihrer Meinung nach darin besonders gut sind.

BEWERTUNGSBOGEN: REZENSION

90

Bewerten Sie eine Rezension im Deutschunterricht doch einmal mithilfe des folgenden Bewertungsbogens:

Bewertungsaspekt	Gewichtungs-faktor	Punkte
Überschrift und Einleitung (-ssatz)		
Die Einleitung regt zum Weiterlesen an.	2	
Das Urteil des Rezensenten wird klar deutlich.	1	
Das Urteil ist weder beleidigend noch herabsetzend.	1	
Hauptteil		
Die Inhaltsangabe hält die ausgewogene Mitte zwischen „Neugier auf den Text wecken“ und „nicht zu viel von der Handlung verraten“.	2	
Das zentrale Problem des Textes wird deutlich benannt.	1	
Die sachliche und die literarische Qualität des Textes werden angemessen beurteilt.	2	
Die Resultate der eigenen Auseinandersetzung mit dem Problem werden differenziert benannt.	3	
Äußere Form		
Die äußere Textgliederung ist in sich logisch.	1	
Die Sprache und Ausdrucksweise ist der Sache angemessen.	1	
Es finden sich keine Rechtschreib-, Zeichensetzungs- und Grammatikfehler.	1	

Erläuterung Punktsystem:
3 P. = trifft vollständig zu
2 P. = trifft überwiegend zu
1 P. = trifft überwiegend nicht zu
0 P. = trifft nicht zu

Punktzahl: ________________
(von 45 möglichen) Rohpunkten

Note:

BEWERTUNGSBOGEN: GEDICHTINTERPRETATION

91

Dieser Bewertungsbogen kann Ihnen dabei helfen, eine Gedichtinterpretation transparent und zugleich differenziert zu bewerten:

Bewertungsaspekt	Gewichtungs-faktor	Punkte
Einleitung		
Autor, Titel, Entstehungszeit, Epoche, biografische Infos werden genannt.	1	
Eine angemessene Arbeitshypothese wird formuliert.	2	
Hauptteil		
Äußere Form: Aufbau, Strophen, Reimschema, Metrum, Zeilen- / Hakenstil werden erkannt.	1	
Sprachliche Auffälligkeiten (z. B. Metaphern, Neologismen, Syntax, Wortspiele ...) werden beschrieben.	1	
Die Verklammerung von Form und Inhalt wird zutreffend analysiert (und ggf. durch Textverweise belegt).	3	
Das zentrale Thema und die Atmosphäre des Gedichtes werden angemessen gedeutet.	2	
Schluss		
Die Ausgangsthese wird wieder aufgegriffen und differenziert.	1	
Es findet sich ein abschließendes und wertendes Fazit.	2	
Formalien		
Sprache und Ausdrucksweise sind angemessen.	1	
Es finden sich keine Rechtschreib-, Zeichensetzungs- und Grammatikfehler.	1	

Erläuterung Punktsystem:
3 P. = trifft vollständig zu
2 P. = trifft überwiegend zu
1 P. = trifft überwiegend nicht zu
0 P. = trifft nicht zu

Punktzahl: ______________
(von 45 möglichen) Rohpunkten

Note:

Bewertungsbogen: Mündliche Präsentation

92

Um dem Schüler eine detaillierte Rückmeldung zu seinem Vortrag geben zu können, mithilfe derer er seine präsentatorischen Fähigkeiten ggf. noch verbessern kann, sollte man als Lehrer auf einen Bewertungsbogen zurückgreifen.

Gleich mal ausprobieren

› Tipp 33
› Tipp 34

Entscheiden Sie sich in Absprache mit Ihren Kollegen und/oder Schülern für eine Gewichtung (Tipp 33) der einzelnen Beobachtungsaspekte und ein praktikables Punkesystem (Tipp 34), das allen Beteiligten gerecht wird.

Beobachtungsaspekt	Gewichtungs-faktor	Punkte
Inhalt		
Gelungene Einleitung, die die Zuhörer fesselt.		
Klare Anordnung der Argumentation.		
Sinnvolle Gliederung der Argumente vom weniger Wichtigen zum Wichtigen.		
Erfolgreich eingesetzte rhetorische Mittel.		
Abrundender Schluss, der noch einmal zusammenfasst.		
Die Präsentation enthält neue Informationen für die Zuhörer.		
Sprache		
Deutliche, klare und langsame Sprache, die die Zuhörer in die Lage versetzt, alle Aussagen zu erfassen.		
Gebrauch grammatikalisch richtiger und vollständiger Sätze.		
Angemessene Betonung, die weder monoton wirkt noch dramatisch übertreibt.		
Wichtige und zentrale Aussagen werden deutlich gekennzeichnet und wiederholt.		

Beobachtungsaspekt	Gewichtungs-faktor	Punkte
Ungewohnte Begriffe und Fremdwörter werden erläutert.		
Blickkontakt mit den Zuhörern wird gesucht und auch gehalten.		
Veranschaulichungsmaterialien		
Der Präsentierende hat z. B. Folien, eine PowerPoint-Präsentation, ein Tafelbild, Dias oder einen Film vorbereitet.		
Veranschaulichungsmaterialien passen zur Präsentation.		
Hilfen sind klar gegliedert und themenbezogen.		
Hilfen sind auf einen Blick gut lesbar.		
Das Material konzentriert sich auf das wirklich Wichtige.		
Das Material ist kreativ und überraschend gestaltet.		
Sonstiges		
Der Präsentierende hat eine entspannte Körperhaltung, sein Auftreten wirkt sicher.		
Der Präsentierende bewegt sich frei im Raum und verschanzt sich nicht hinter einem Pult oder Tisch.		
Die Dauer der Präsentation ist genau richtig.		
Die Reaktionen der Zuhörer zeugen von Spannung und Interesse.		

Punktzahl: ______________

Note: ________________

Bewertungsbogen: Speaking Skills

93

Folgender Bewertungsbogen kann zur Benotung einer Kurzpräsentation in Form einer Bildbeschreibung im Englischunterricht (Klasse 5–7) herangezogen werden:

Bewertungsaspekt	Bewertung
Sprache	
Deutliche Sprache, Lautstärke angemessen.	
Spricht im angemessenen Tempo.	
Aussprache korrekt.	
Spricht in ganzen Sätzen.	
Sätze sind grammatikalisch korrekt.	
Benutzt bekannte, eingeübte Wendungen zur Bildbeschreibung.	
Bezieht Bild in die Präsentation mit ein und verdeutlicht daran entsprechende Beschreibungen.	
Vortrag	
Vortrag ist strukturiert / deutliche Gliederung ist zu erkennen.	
Schüler spricht frei oder mit Hilfsmitteln.	
Schüler hält Blickkontakt zu Mitschülern.	
Schüler leitet deutlich auf den Präsentationsschluss hin.	
Schüler fragt Zuhörer, ob sie Fragen haben.	
Sonstiges	
Auftreten des Schülers wirkt sicher.	
Vortrag fesselt Zuhörer.	
Vortagslänge angemessen.	
Keine langatmigen Pausen.	

Erläuterung Bewertungssystem:

 = überdurchschnittlich

 = zufriedenstellend

 = gut

 = noch Übungsbedarf

94

Projektlernen und Leistungsbewertung sind zwei Elemente, die in der Schule an der Tagesordnung sind, aber selten gemeinsam auftreten.

Eine transparente Rückmeldung über diesen Lernbereich kann Ihnen dennoch mit dem folgenden Bewertungsbogen gelingen:

Bewertungsbogen für Projektarbeit

Name: ______________________________

Klasse: ______________________________

Thema: ____

Arbeitsschwerpunkt: ______________________________________

Bewertungen:

Arbeitsprozess (20 %)

1. *Arbeitsplan:* differenziert / schlüssig / sorgfältig / strukturiert.
2. *Arbeitsprozessbericht:* Verlauf ausführlich / reflektiert / begründet.

Präsentation (40 %)

3. *Struktur:* Gliederung in Einleitung mit Einstieg, gegliederten Hauptteil, Schluss mit Ausstieg.
4. *Visualisierungen von Informationen:* durch Folie, Tafelbild, Wandzeitung, Plakate, szenische Darstellungen, Diaprojektor, Beamer, Film, Flipchart, Info-Blätter, Arbeitsblätter, PowerPoint.
5. *Sprachliche Verständlichkeit:* kurze Sätze, anschauliche Sprachbilder, Hervorhebung von Wichtigem, freies Sprechen, Unterstützung durch Gestik und Mimik.
6. *Inhaltliche Qualität:* Umsetzung des Themas, Verwendung von Fachsprache, eigene Interpretation.
7. *Informationsgehalt:* Vielfalt an Fakten, Zusammenhänge erkennbar, Thesen aufgestellt, Maßnahmen beurteilt.

Dokumentation (30 %)

8. Gestaltung: bewusster Einsatz von Schrift und Farbe, übersichtliche, sinnvolle Gliederung, Lesbarkeit, Einhaltung formaler Vorgaben, fehlerfreie Texte.

9. Fachliche Qualität: geeignete Schwerpunktbildung, fundiertes Wissen, präzise Fachsprache, begründete Thesen, kritische Reflexion, begründete Stellungnahme.

10. Recherche: Zitierregeln eingehalten, Literaturliste vollständig, Internetrecherche kenntlich gemacht, Informationen zielgerichtet eingesetzt.

Modell oder Symbol (10 %)

11. Konkrete Verdeutlichung wesentlicher Aussagen oder Probleme des Themas: durch selbst entwickeltes Modell, Experiment, Darstellung oder konkreten Gegenstand.

Gesamtergebnis: ______________________________

____

____

Gleich mal ausprobieren

Setzen Sie das nächste Mal, wenn es eine Projektarbeit zu bewerten gilt, den Bewertungsbogen ein.

Formulieren Sie ein möglichst ausführliches Gesamtergebnis, aus dem für den Schüler hervorgeht, an welchem der zu bewertenden Punkte er noch besonders arbeiten muss bzw. welche er gut gelöst hat.

Schüler setzen Bewertungsschwerpunkte

95

Schüler sind durchaus in der Lage, die eigene Leistung sachgemäß zu erfassen.

Der folgende Kommentar sowie das Diagramm zur Bewertung der eigenen Leistungen wurden von einer Schülergruppe einer 10. Klasse erstellt:

Kommentar der Schüler:
„Qualität ist in unserer Bewertung am stärksten zu beurteilen, da durch die Qualität am treffendsten Aussagen über die Leistung der Schüler gemacht werden können. Jedoch birgt dieser Aspekt gewisse Fehlerquellen, da Qualität meist nach dem Ermessen des Lehrers beurteilt wird und da z. B. Faktoren wie Sympathie und Vorwissen eine Rolle spielen können. Deswegen sollen Schüler nicht nur nach der Qualität beurteilt werden. So ist auch die Quantität bzw. die Leistungskonstanz sehr wichtig und fließt in die Bewertung mit 30 Prozent ein. Ferner wird auch das Sozialverhalten mit 15 Prozent bewertet, und falls Zusatzleistungen erbracht worden sind (darunter fallen Referate usw.), sollten sie mit zehn Prozent in die Note einfließen."

Bewertungsschwerpunkt: Qualität

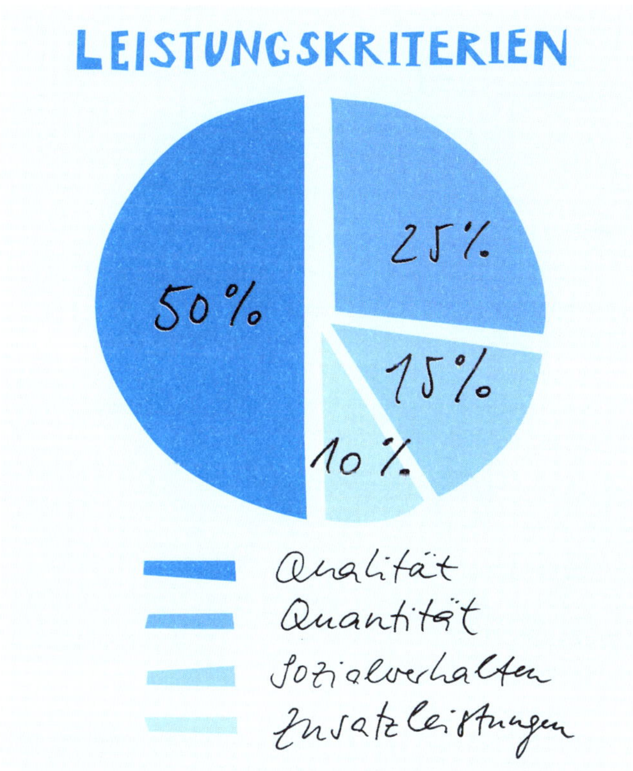

Selbstbewertungsscheibe einsetzen

96

Die Selbstbewertung ist ein Instrument zur Steuerung und Optimierung von Lernprozessen und sollte in der Schule erlernt werden können.
Die folgende Selbstbewertungsscheibe kann Schülern dazu verhelfen, ihr eigenes Verhalten aufgrund bestimmter Gesichtspunkte besser einzuschätzen:

Selbstbewertungsscheibe

Name: ______________________ Zeitraum: ______________________

Klasse: ______________________ Datum: ______________________

Beschreibe, was du unter diesen Begriffen verstehst:

Selbstständigkeit: ____

____

Kooperationsfähigkeit: ____

____

Sorgfältigkeit: ____

____

Kritikfähigkeit: ____

____

Zielstrebigkeit: ____

____

Konzentration: ____

____

Sortiere dich auf der Scheibe ein: Wo stehst du in jedem Feld?
Je größer deine Fähigkeit auf dem Gebiet ist, desto näher triffst du in die Mitte!

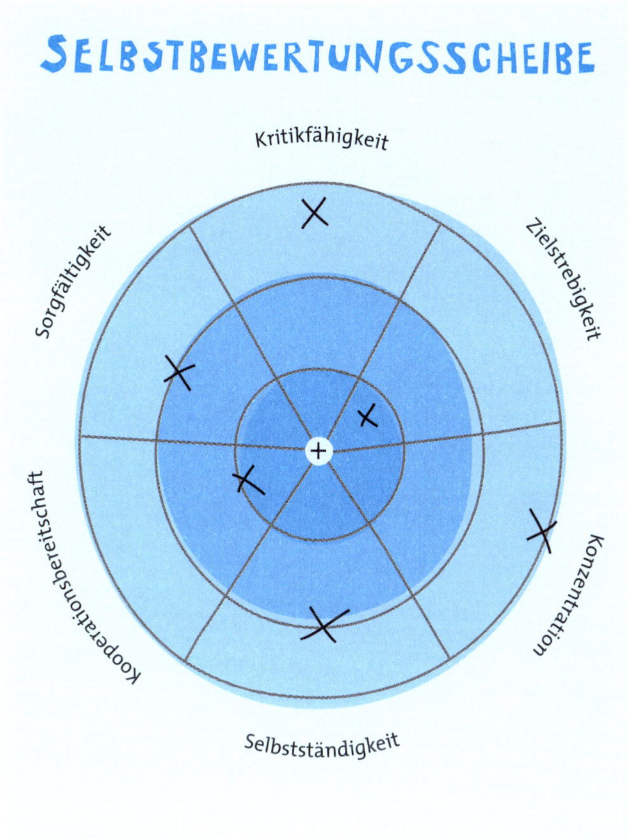

BEWERTUNGSBOGEN: GRUPPENARBEIT

97

Der folgende Bewertungsbogen kann im Rahmen des Notenpoolverfahrens (Tipp 75) zur Anwendung gebracht werden: Jede Gruppe ermittelt zuerst für sich die zu vergebende Gesamtpunktzahl. Der Lehrer gibt der Gruppe ebenfalls eine Punktzahl. Diese werden verglichen und in Deckungsgleichheit gebracht. Anschließend kann die Gruppe die Gesamtpunktzahl auf ihre Mitglieder entsprechend verteilen.

› Tipp 75

Fähigkeiten – Fertigkeiten – Kompetenzen	Gesamt-gruppe	Lehrer
Fachliche Dimension		
Fachlich richtige und korrekte Arbeit		
Deutlich erkennbare Lernfortschritte		
Klare Formulierung von Zielen und Teilzielen		
Strukturiertes Arbeiten, deutlich erkennbarer roter Faden		
Gezielte und kompetente Nutzung von fachspezifischen Hilfsmitteln		
Flexible Vorgehensweise beim Auftreten unerwarteter Probleme		
Kooperative Dimension		
Effektive und wirkungsvolle Kommunikation mit den anderen Gruppenmitgliedern		
Sachliche und kooperative Prüfung neuer Arbeitsaufgaben		
Allgemeine Akzeptanz neuer Aspekte		
Produktive Arbeitsatmosphäre		
Flache und stetig wechselnde Hierarchisierungen bei weitgehend gegenseitiger Hilfestellung		
Minimierung egozentrischer Verhaltensweisen und egoistischer Perspektiven		
Individuelle Dimension		
Bemühen um regelgeleitete transparente Kommunikation		
Eigenständige Kontrolle von (Teil-) Lösungen		
Bewusste Gestaltung eines positiven Gruppenklimas		
Sorgfalt bei der Arbeit und im Umgang mit den Arbeitsmaterialien		
Kompetente Arbeitsorganisation		

Bewertungsbogen: Lehrerverhalten 98

„Wir drehen den Spieß um!“
Auch wenn mehr oder weniger faire Lehrerrankings mittlerweile zum Standardrepertoire fast aller Abschlussfeiern gehören und bei vielen Lehrkräften eher unbeliebt sind, kann es durchaus aufschlussreich sein, die eigene Lehrkompetenz dem Urteil der Schüler auszusetzen:

Bewertungsaspekt	x
Pünktlichkeit:	
Kommt und schließt meist pünktlich	
Kommt oft zu spät	
Überzieht oft oder schließt zu früh	
Ordnungsrahmen:	
Lässt alles durchgehen	
Lässt nichts durchgehen	
Kann Dinge durchgehen lassen, notfalls aber auch energisch werden	
Arbeitsklima:	
Sorgt nicht für Ruhe	
Kann Unruhe auch mal übersehen	
Fragt nach Ursachen für Unruhe oder Streit	
Schafft entspanntes Klima	
Übt viel Druck aus	
Lehrstoff:	
Erklärt gut/verständlich	
Kann nicht erklären	
Langweilige Präsentation	
Interessante Präsentation	
Geht zu schnell vor	
Geht zu langsam vor	
Genau richtig	

Bewertungsaspekt	x
Anforderungen und Benotung:	
Verlangt zu viel	
Verlangt zu wenig	
Genau richtig	
Benotet zu streng	
Benotet zu lasch	
Genau richtig	
Medien:	
Setzt zu wenig Medien ein	
Setzt zu häufig Medien ein	
Zuwendung:	
Ist immer freundlich	
Ist oft unfreundlich/rastet oft aus	
Ist eher zurückhaltend und höflich	
Gerechtigkeit:	
Hat Lieblinge, die bevorzugt werden	
Hat „Zielscheiben"	
Behandelt alle gerecht und mit gleichem Respekt	
Hilfsbereitschaft:	
Ist immer bereit, Schülern zu helfen	
Reagiert je nach Laune	
Lässt Schüler meistens hängen	
Humor:	
Ist meistens humorvoll	
Lacht auch über sich selbst	
Lacht über die Schüler	
Toleranz:	
Akzeptiert abweichende Schülerstandpunkte	
Lässt nur den eigenen Standpunkt gelten	

BEWERTUNGSMATRIX FÜR KOLLEGEN

99

Humor und Spaß kommen in der Schule und im Unterricht leider oft leicht zu kurz. Zum Abschluss dieses Buches soll ein wirklich nicht sehr ernst zu nehmender Bogen deshalb ein wenig zu Unterhaltung und Freude unter Kollegen beitragen:

Prädikat / Merkmal	entspricht den Anforderungen in besonderem Maße	entspricht voll den Anforderungen	entspricht im Allgemeinen den Anforderungen	entspricht gerade noch den Anforderungen	entspricht nicht den Anforderungen
Arbeitsleistung	reißt Bäume aus	reißt sich ein Bein aus	reißt sich zusammen	reißt keinen vom Hocker	reißt vor der Arbeit aus
Belastbarkeit	erledigt alles gleichzeitig	erledigt den Widersacher	erledigt seine Arbeit sofort	erledigt selten etwas	erledigt ist er schnell
Kommunikationsfähigkeit	spricht mit Gott und Ebenbürtigen	spricht mit sich selbst und Vorgesetzten	spricht viel	spricht gern über andere	spricht guten Getränken zu
Geistige Fähigkeiten	löst jedes Problem sofort	löst Probleme mit einigem Nachdenken	löst meist die eigenen Probleme	löst gern Kreuzworträtsel	löst Probleme aus
Wissen	weiß alles am besten	weiß über alles Bescheid	weiß, was er falsch macht	weiß, wann Feierabend ist	weiß, wo gerade gefeiert wird
Verhalten gegenüber Vorgesetzten	Vorgesetzte macht er überflüssig	Vorgesetzten öffnet er die Tür	Vorgesetzte grüßt er fröhlich	Vorgesetzte fragt er nach der Uhrzeit	Vorgesetzten nimmt er den reservierten Parkplatz
Verhalten gegenüber Kollegen	Kollegen hat er nicht	Kollegen lässt er gern ins Messer laufen	Kollegen grüßt er korrekt mit „Mahlzeit“	Kollegen mag er weniger als Kolleginnen	Kollegen hält er von der Arbeit ab

Literaturhinweise

Albrecht, Dietrich (1989): Die Rahmenbedingungen für Klassenarbeiten verändern. In: Behörde für Schule und Berufsbildung (Hrsg.), Hamburg macht Schule, Heft 3, Pädagogische Beiträge Verlag: Hamburg.

Niedersächsisches Kultusministerium (2004): Curriculare Vorgaben für das Gymnasium, Schuljahrgänge 5/6, Hannover.

Meyer, Hilbert (2004): Was ist guter Unterricht? Cornelsen Verlag Scriptor: Berlin.

Register

(Die Verweise beziehen sich auf die jeweiligen Tipp-Nummern.)